MIROIR

DE L'ANCIEN ET DU NOUVEAU

PARIS,

AVEC TREIZE VOYAGES

EN VÉLOCIFÈRES,

DANS SES ENVIRONS.

TOME I.

On trouve dans cet ouvrage, d'un genre absolument neuf, l'Histoire de Paris, depuis son origine, son accroissement, ses révolutions, ses monumens, ses mœurs, ses usages, les arts, les sciences, les manufactures avec les noms des propriétaires, le commerce, l'industrie, etc., des instructions pour les étrangers et les voyageurs qui viennent à Paris pour des affaires avec les premières autorités, les tribunaux et les administrations. Il indique aussi les moyens de se garantir de la malveillance, des pièges des intrigans, des fripons, des filoux, des voleurs, des courtisannes solliciteuses, des femmes complaisantes, des matrones, des prostituées, etc., etc., etc.

MIROIR

DE L'ANCIEN ET DU NOUVEAU

PARIS,

AVEC TREIZE VOYAGES EN VÉLOCIFÈRES,

DANS SES ENVIRONS.

Ouvrage indispensable aux *Étrangers* et même aux *Parisiens*, et qui indique tout ce qu'il faut connoître et *éviter* dans cette capitale.

Orné d'un Plan de Paris et de 18 Gravures.

Tels temps, telles mœurs.

Par L. Prudhomme.

TOME I.

PARIS,

PRUDHOMME, fils, rue des Marais, F. B. St.-G.
DEBRAY, rue St.-Honoré, barrière des Sergens.

AN XIII. — (1804.)

PRÉFACE
QUI N'EN EST PAS UNE.

Une préface, un avant-propos, ne sont ordinairement pour certains ouvrages que des hors-d'œuvre, la nature de celui-ci n'exige ni préface ni avant-propos.

On jugera par les matières qu'il renferme s'il ressemble à cette foule de productions qui ont paru sur la ville de Paris, et qui, pour la plupart, sont écrites avec timidité.

Non seulement cet ouvrage donne l'histoire politique, civile et militaire de cette capitale depuis son origine jusqu'à ce jour, les mœurs de ses habitans, l'accroissement de son territoire, la description de ses monumens ses embellissemens, les siences et les arts qu'on y cultive, le commerce, l'industrie, etc.; mais il indique encore aux étrangers, aux voyageurs des départemens, et même aux habitans de Paris, ce qu'on doit éviter dans cette superbe ville.

Un ouvrage sur Paris ne doit pas seulement contenir la description de ses monumens, des détails plus ou moins étendus sur les sciences, les arts, le commerce, etc., le voyageur doit encore y trouver des instructions propres à l'éclairer sur ses intérêts et à diriger ses démarches dans une cité dont la population est pour ainsi-dire une amalgame d'individus de toutes les nations du globe.

On doit me savoir gré d'avertir les habitans de cette ville immense, et les voyageurs, que la curiosité ou leur affaires y amènent, des pièges qui leur sont tendus à chaque pas par les malveillans, les intrigans, les charlatans et les filoux. C'est en outre seconder le gouvernement dans sa surveillance contre les fripons qu'on ne saurait trop signaler.

On pourrait taxer de pusillanimité le silence que beaucoup d'auteurs d'ouvrages sur Paris ont gardé sur cette horde malfaisante.

Cet ouvrage donne aussi les moyens de faire promptement et à peu de frais, le voyage des environs de Paris, pour connoître tout ce qu'ils renferment de curieux.

MIROIR
DE L'ANCIEN ET DU NOUVEAU
PARIS.

INSTRUCTIONS

Pour le voyageur à Paris.

SI l'étranger, en arrivant à Paris, n'a point de logement de retenu, et qu'il soit en poste, il lui suffit d'indiquer au postillon le quartier où il desire loger; si au contraire il arrive par la diligence, il trouvera dans le bureau, des commissionnaires qui s'offriront à le conduire, ou bien il prendra un fiacre qui le conduira à son adresse (1).

Le prix des logemens dans les hôtels garnis n'est point determiné, cela dépend des quartiers, et de la beauté du local.

---

(1) Voir page xxxj, le prix des courses.

Les logemens dans les quartiers moins fréquentés que ceux du ci-devant Palais-Royal, des Tuileries, ou de la Chaussée-d'Antin, sont à un prix modéré, quoique très-commodes. On trouve aussi dans le faubourg Saint-Germain des hôtels garnis dans le plus grand genre; c'était autrefois le quartier où logeaient tous les Princes Etrangers, les Ambassadeurs, et principalement les Anglais, comme étant la partie de Paris la plus saine, par sa position, la beauté des rues, et la tranquillité des habitans.

Le quartier du Marais renferme de belles maisons, avec des jardins très-agréables, il était habité principalement par des gens de robe, des rentiers, des financiers, et des payeurs de rentes de la ville de Paris. A présent c'est le quartier de tous les Juifs de nation.

L'étranger trouve des domestiques de louage attachés à l'hôtel, qu'il peut prendre à la semaine, ou au mois, ou au jour, ainsi que des carosses et des cabriolets.

Pour le Voyageur.

Le voyageur qui veut demeurer longtems à Paris et se loger d'une manière économique trouve des appartemens meublés, dans des maisons particulières.

Il peut consulter le *Journal des petites Affiches*, article *Maisons à louer*.

On trouve aussi des appartemens vides que l'on peut faire meubler par des tapissiers, qui fournissent les meubles nécessaires à raison de tant par mois.

Les jeunes gens qui viennent à Paris, pour suivre les cours de chirurgie, de médecine, etc., peuvent se loger économiquement dans le quartier Saint-Jacques, les rues de la Harpe, Saint-André-des-Arcs, de Médecine, des Boucheries, dans le quartier du Panthéon, où l'on trouve des traiteurs à un prix très-modique.

A l'égard des restaurateurs et des cafés, voyez ces articles Tome II.

Le Voyageur à Paris remarquera, que chaque quartier de cette ville est habité par un genre d'individus dont le langage, l'habillement et la manière de vivre, feraient croire que ce sont différens peuples qui composent l'immense population de cette capitale.

Les Ministres demeurent presque tous dans le faubourg Saint-Germain, et beaucoup de Sénateurs; la Finance, Chaussée d'Antin, et quartier Saint-Honoré.

Les désœuvrés, les filoux et les femmes galantes sont principalement dans le quartier du ci-devant Palais Royal.

INDICATION SOMMAIRE

Des premiers objets de curiosité publique décrits dans cet ouvrage, et que les Voyageurs doivent commencer à visiter. Ils trouvent ici les jours et les heures d'ouverture.

MUSÉE NAPOLÉON. Samedi et Dimanche, de 10 jusqu'à 4 heures.

Musée du Luxembourg. Dimanche, Lundi et Mardi. *Idem.*

Musée des Monumens Français. Dimanche, Jeudi. *Idem.*

Musée d'Artillerie. Le Dimanche, à onze heures.

Musée des Aveugles. Tous les jours

Des premiers objets de curiosité. xj

Monnoies des Médailles. Tous les jours, de 10 à 2 heures.

Cabinet des Estampes. Au Louvre, tous les jours.

Cabinet Minéralogique. Hôtel des Monnoies, tous les jours de 10 à 1 heure.

Cabinet d'Histoire Naturelle du Jardin des Plantes. Mardi et Vendredi, de 3 à 5 heures.

Institution des Sourds-Muets. Tous les jours. Séance publique le dernier Dimanche de chaque mois.

Bibliothèque Nationale. Mercredi et Jeudi, de 10 à 2 heures, et tous les jours pour les littérateurs.

Bibliothèque Saint-Antoine. Mardi, Jeudi, Samedi, de 10 à 2 heures.

Bibliothèque Mazarine. Lundi, Mardi, Mercredi, Vendredi et Samedi, de 10 à 2 heures.

Bibliothèque de l'Arsenal. Mercredi, Jeudi, Samedi, de 10 à 2 heures.

Bibliothèque du Jardin des Plantes. Tous les jours, de 10 à 2 heures, excepté le Dimanche.

Bibliothèque de l'Institut. Mardi et Jeudi, de 19 à 2 heures.

Avis aux gens d'Affaires.

Le Jardin des Plantes et la Ménagerie. Tous les jours.

Les Hospices Civils. Tous les jours.

L'hôpital de la Salpétrière. Le Jeudi et le Dimanche, depuis 10 jusqu'à 4 heures.

L'hôpital de Bicêtre. Tous les jours.

Manufacture des Gobelins. Tous les jours, de 10 à 1 heure, excepté le Dimanche.

Manufacture des tapis de la Savonnerie. Idem.

Nota. Malgré les jours indiqués, un étranger peut visiter ces établissemens, en faisant demander les Directeurs.

AVIS

Aux habitans des Départemens qui viennent à Paris pour des affaires avec les ministres, les administrations et les tribunaux.

La grande connoissance que nous avons des affaires administratives, de la bureaucratie et de l'ordre judiciaire, l'expérience que nous avons acquise dans cette partie, tout nous porte à indiquer la marche que doivent suivre les personnes qui ont des demandes ou des réclamations

Avis aux gens d'Affaires.

réclamations à faire tant auprès des Ministres que des Préfets et autres Chefs d'Administration.

1°. Rédigez votre demande ou réclamation d'une manière claire, précise et succinte, et, si faire se peut, dites tout dans la première page ; par ce moyen vous faciliterez le travail de celui qui en sera chargé.

2°. Voyez le Chef de division lorsque le Secrétaire général lui aura fait passer votre demande ou réclamation.

3°. Voyez le Chef de bureau qui doit en faire son rapport au Chef de division.

Si vous avez à vous plaindre de la négligence des bureaux, (ce qui arrive souvent), présentez-vous à une audience publique, exposez brièvement vos motifs de mécontentement et il vous sera rendu une prompte justice.

Il a été un temps où ce genre de réclamation par écrit ne parvenait jamais aux Ministres, à cause de l'intelligence du secrétaire général avec les employés des bureaux.

Mais sur-tout n'ajoutez aucune foi à la prétendue *protection* de plusieurs employés subalternes, car ils ne peuvent absolument rien et sont plus soumis, plus humbles envers leurs chefs, qu'un écolier ne l'est envers son précepteur.

Ces employés intrigans se chargent de vos pièces et les conservent tout le tems qui leur est nécessaire pour vous faire contribuer. Il en est même qui promettent à des pères de famille un congé pour leur fils ou une exemption de la conscription, en demandant d'abord une forte somme, de petits cadeaux pour madame, et surtout de bons dîners chez Véry, Naudet, Legacque, etc.

Nous en connoissons qui promettoient une entrevue avec le Chef de division ou le chef de bureau; mais ce rendez-vous mystérieux n'avoit jamais lieu qu'après quatre heures et chez le meilleur restaurateur. Un ami du subalterne, qui avoit toujours bon appétit, jouoit le rôle de Chef de division ou de Chef de bureau, d'après les instructions qu'il avoit reçues pour cet effet.

Si vous voulez obtenir une audience particulière d'un grand fonctionnaire public, d'un Ministre, d'un Conseiller-d'Etat, d'un Préfet, etc., motivez dans votre lettre votre demande, sans néanmoins en trop dire.

Faites aussi bien attention de ne pas adresser une demande à un Ministre, au lieu de l'adresser à un autre ou à tout autre chef d'administration supérieure.

Tous les bureaux ferment à quatre heures précises, ainsi que toutes les caisses particulières.

Nous prévenons encore les personnes qui viennent à Paris pour des procès et qui ne connoissent point d'avocat ou d'avoué, de se méfier d'une armée noire d'agioteurs dans ce genre, qui se qualifient du nom d'avocats et dont les noms sont étrangers au Palais de Justice. On doit s'adresser directement à un avoué, ou à un avocat connu ; et pour que l'avoué ne fasse pas retomber le non succès de la cause sur l'avocat, il faut avoir soin que ce dernier lui convienne ; ou il faut prendre l'avoué qui sera indiqué par l'avocat, qu'il faut avoir soin de ne pas fatiguer de sa cause, parce que, souvent par complaisance, il feint de vous écouter, en pensant à autre chose, et il ne s'occupe de l'affaire que la veille ou le jour même du plaidoyer. La veille du jour où la cause doit être plaidée, il faut aller trouver les juges et leur expliquer très-succintement l'affaire.

Si vous avez à vous plaindre d'un avoué, d'un huissier, etc, réclamez justice auprès du Grand-Juge.

Paris renferme encore une troupe de charlatans qui se qualifient de médecins, et dont, si on les en croit, on a oublié de porter les noms sur la liste. Ces soi-disant médecins guérissent toutes les maladies, excepté celle que vous avez.

GOUVERNEMENT.

Les personnes qui ont des demandes à faire à l'Empereur doivent porter leurs placets sous enveloppe dans la boîte aux lettres du Gouvernement, cour des Tuileries. Il faut avoir la précaution de mettre trois cachets, avec de la cire. On peut quelques tems après avoir des renseignemens sur la demande, au secrétariat du Gouvernement, château des Tuileries. Lorsqu'on veut présenter à sa Majesté un ouvrage ou un objet d'art, il faut s'adresser au premier Chambellan.

Des premières Autorités. xvij

GRANDE CHANCELLERIE DE LA LÉGION D'HONNEUR.

Au ci-devant Palais de Salms, rue de Lille.

Les bureaux sont ouverts tous les jours.

MINISTÈRES.

GRAND-JUGE MINISTRE DE LA JUSTICE,

Place vendôme.

Audiences publiques le vendredi, depuis 10 heures jusqu'à midi.

Pour les *Fonctionnaires publics*, le même jour, de midi à 1 heure.

Le public n'est admis dans les bureaux du Secrétariat général de la comptabilité, que les vendredis, depuis 10 jusqu'à 4 heures.

Les *Fonctionnaires publics* sont admis tous les jours à la même heure.

MINISTRE DES RELATIONS EXTÉRIEURES.

Hôtel Galifet, rue du Bacq.

Point d'audiences publiques.

Le bureau des passeports est le seul ouvert au public tous les jours depuis 11 heures du matin jusqu'à trois.

Ministre de l'Intérieur.

Hôtel Brissac, rue de Grenelle.

Audiences aux membres des *autorités constituées*, les mardis. Le Secrétaire-Général reçoit le public, les lundis et jeudis, depuis 1 heure jusqu'à 3.

Les chefs de divisions reçoivent le public, les jeudis, depuis midi jusqu'à 2 heures.

Ministre de la Guerre.

Rue de Varennes.

Audience aux membres des *autorités civiles et militaires*, lundi, mardi, jeudi et samedi, depuis 3 heures jusqu'à 5.

Le ministre reçoit les *officiers généraux et supérieurs* les premier et troisième mardis de chaque mois.

Les bureaux sont ouverts tous les mercredis de deux à cinq heures; un officier général est chargé de recevoir

Des premières Autorités. xjx

tous les jours les *officiers généraux et supérieurs.*

Quatre adjudans-commandans reçoivent tous les jours les autres *officiers.*

Directeur-Ministre de l'administration de la guerre.

Rue de Varennes, hôtel d'Orçay.

Audiences publiques les premier et troisième lundis de chaque mois, à 2 heures.

MINISTRE DE LA MARINE ET DES COLONIES.

Rue de la Révolution.

Audiences publiques les 2 et 16 de chaque mois, depuis midi jusqu'à 2 heures.

Les bureaux sont ouverts tous les jeudis, de 2 à 4 heures.

Le ministre reçoit les membres des *autorités constituées* et les *officiers généraux et supérieurs*, tous les jeudis à 7 heures du soir.

Jours d'audiences

MINISTRE DES FINANCES.

Rue Neuve-des-Petits-Champs.

Audiences publiques le premier lundi de chaque mois, à midi.

Les *autorités constituées* sont reçues tous les lundis à 11 heures.

Conférences particulières du public avec les premiers commis, tous les lundis, depuis 2 heures jusqu'à 4.

MINISTRE DU TRÉSOR PUBLIC.

Rue Neuve-des-Petits-Champs.

MINISTRE DE LA POLICE GÉNÉRALE.

Quai de Voltaire.

Audiences.

Quatre conseillers d'état travaillent chaque jour avec le ministre, et sont chargés de la correspondance, de la suite de l'instruction des affaires. Chaque jour, l'un des conseillers d'état donne audience, pour recevoir les réclamations des citoyens.

MINISTRE DES CULTES.

Rue de l'Université.

Audience tous les mercredis, à 2 heures.

CONSEIL D'ÉTAT.

NOMS ET DEMEURES DES CONSEILLERS D'ÉTAT, EN FONCTIONS PRÈS DU GOUVERNEMENT.

Section de législation civile et criminelle.

Bigot-Préameneu, président, rue de la Convention, n°. 2.

Berlier, président du conseil des prises, maison de l'Oratoire.

Réal, attaché au ministère de la police, rue de Lille, n°. 607.

Portalis, Ministre des cultes, rue de l'Université, n°. 278.

Treilhard, rue des Maçons-Sorbonne, n°. 25.

Gally, rue du Mont-Blanc, n°. 395.

Section de l'Intérieur.

Regnaud (de Saint-Jean-d'Angély), président, chaussée d'Antin, n°. 621.

Cretet, rue de Grenelle St.-Germain, n°. 370, ch. spéc. des ponts-et-chaussées.

Fourcroy, chargé de la direction et

Conseil d'État.

de la surveillance de l'instruction publique, au Jardin des Plantes.

Français de Nantes, rue de Grenelle Saint-Germain, n°. 89, *directeur de l'administration des droits réunis.*

Miot, *attaché au ministère de la police*, rue Neuve-des-Mathurins, n. 641.

Laumond, rue de Grenelle Saint-Germain, n°. 1176.

Pelet (de la Lozère) *attaché au ministère de la police*, rue Taranne, n. 24.

Ségur, rue de Saussayes, n°. 1236.

Section des finances.

Defermon, président, *directeur-géral de la dette publique*, place Vendôme.

Boulai (de la Meurthe), rue de Tournon, hôtel de Nevers ; *chargé du contentieux des domaines nationaux.*

Duchatel, rue de Choiseul, *directeur-général de l'enregistrement et des domaines.*

Jolivet, rue du Champ du Repos, n. 48.

Bérenger, rue de Lille, n°. 540.

Collin, directeur général des Douanes, rue Montmartre, hôtel d'Uzès.

Dauchy, préfet de l'Aisne, rue du Grand Chantier, n°. 4.

Conseil d'État. xxiij

Dubois, (des Vosges), rue Cassette, n°. 27.

Section de la Guerre.

Lacuée, président, rue Taranne, n°. 34.

Dumas, rue de l'Université, n°. 291.

Jourdan, quai Voltaire, n°. 3.

Section de la Marine.

Fleurieu, président, rue Tait-Bout, n°. 13.

Redon, rue de Grenelle Saint-Germain, n°. 1485.

Najac, rue Saint-Guillaume, Faubourg Saint-Germain, n°. 977.

Bruix, rue d'Antin, n°. 8.

Forfait, rue du Faubourg St.-Martin, n°. 53.

Dupuy, rue de Surènes, n°. 1037.

Préfecture du département de la Seine, Hôtel-de-Ville.

Point d'audiences publiques déterminées. Il seroit à desirer d'avoir plus facilement accès auprès du Préfet.

Les bureaux sont ouverts tous les jours, de 3 à 4 heures.

Préfecture de Police.

Au ci-devant hôtel du premier président du Parlement de Paris, cour du Palais de Justice.

Audience tous les lundi à midi.

Administration de l'enregistrement et des domaines, rue de Choiseuil

Le Conseiller d'état, directeur général, donne ses audiences publiques, le premier mardi de chaque mois.

Les bureaux du Secrétariat sont ouverts au public les lundis et jeudis, depuis dix heures jusqu'à quatre.

Administration générale des Postes, rue Coquéron.

Un Administrateur reçoit tous les jours les réclamations du public.

Administration générale des douanes, rue Mont-Martre, hôtel d'Uzès.

Le Conseiller d'état, *Directeur général*, donne audience les premier et troisième mercredis de chaque mois.

Administration générale des Forêts, quai de Voltaire.

L'un des Administrateurs, donne audience

Des premières Autorités. xxv

audience publique les samedis à deux heures.

Le bureau des renseignemens est ouvert les lundis, mardis et samedis, depuis deux heures jusqu'à quatre.

Administration de la Loterie nationale, rue Neuve-des-Petits-Champs.

Cette Administration donne audience au public, les lundis, mercredis et samedis, de dix heures à midi.

Direction générale de la liquidation de la dette publique, place Vendôme.

Le Conseiller d'Etat, Directeur général, donne des audiences particulières sur la demande qui lui en est faite, lorsque l'objet exprimé dans la demande en est jugé susceptible.

Comptabilité Nationale, cour du Palais de Justice.

Les bureaux sont ouverts tous les jours.

xxvj   *Jours d'audiences.*

COURS ET TRIBUNAUX,

Au Palais de Justice.

Cour de Cassation.

Section des Requêtes, audience tous les lundis, mardis et mercredis.

Cassation Civile, idem.

Cassation Criminelle, tous les jeudis, vendredis et samedis.

Cour de Justice criminelle et spéciale.

Audiences publiques jusqu'au quinze de chaque mois, pour les appels de police correctionnelle, et depuis le 15 jusqu'au 29 inclusivement pour les affaires criminelles.

Cour d'Appel.

Audience tous les jours à neuf heures et à midi.

Tribunal de première Instance.

Audience tous les jours, excepté les lundis.

TRIBUNAL DE COMMERCE,

Cloître Saint-Méry.

Audience les mardis, mercredis et vendredis.

Monnoies de France.

La Monnoie est conformément à la loi du 7 germinal an 11 (28 mars 1803).

Les pièces de monnoies d'argent sont d'un *quart de franc*, d'un *demi-franc*, de *trois quarts de franc*, d'un *franc*; de *deux francs* et de *cinq francs*.

Leur titre est fixé à *neuf dixième* de fin et *un dixième* d'alliage.

Le poids de la pièce d'un *quart de franc*, est d'un gramme vingt-cinq centigrammes;

Celui de la pièce d'un *demi-franc*, de *deux grammes cinq décigrammes*;

Celui de la pièce de *trois quarts de franc*, de *trois grammes soixante-quinze centigrammes*;

Celui de la pièce d'un *franc*, de *cinq grammes*;

Celui de la pièce de *deux francs*, de *dix grammes*;

La tolérance du titre est pour la monnoie d'argent, de *trois millièmes* en dehors, autant en dedans.

La tolérance de poids est, pour la pièce d'un *quart de franc*, de *dix millièmes* en dehors, autant en dedans; pour les pièces d'un *demi franc*, et de *trois quarts de franc*, de *sept millièmes* en dehors, autant en dedans : pour les pièces d'*un franc* et de *deux francs*, de *cinq millièmes* en dehors, autant en dedans ; et pour les pièces de *cinq francs*, de *trois millièmes* en dehors, autant en dedans.

Les pièces d'or nouvellement fabriquées sont de *vingt francs* et de *quarante francs*.

Leur titre est fixé à *neuf dixièmes* de fin et *un dixième* d'alliage.

Les pièces de *vingt francs* sont à la taille de *cent cinquante-cinq pièces* au kilogramme, et les pièces de *quarante francs* à celle de *soixante dix-sept et demie*.

La tolérance du titre de la monnoie d'or est fixée à *deux millièmes* en dehors, autant en dedans.

Il ne peut être exigé de ceux qui porteront les matières d'*or* ou d'*argent* à la monnoie que les frais de fabrication. Ces frais sont fixés à *neuf francs* par kilogramme d'*or*, et à *trois francs* par kilogramme d'*argent*.

Lorsque les matières sont au-dessous du titre monétaire, elles supportent les frais d'affinage ou de départ. Le montant de ces frais est calculé sur la portion desdites matières qui doit être purifiée pour élever la totalité au titre monétaire.

On a fabriqué des pièces de *cuivre* pur, de *deux centimes*, de *trois centimes* et de *cinq centimes de franc*.

Le poids des pièces de *deux centimes* est de *quatre grammes*, celui des pièces de *trois centimes* de *six grammes*, et celui des pièces de *cinq centimes* de *six grammes*.

La tolérance de poids est, pour les pièces de *cuivre* d'un *cinquantième* en dehors.

Le type des pièces de monnoie a été d'abord réglé comme il suit ;

Sur une des surfaces des pièces d'*or*, d'*argent* et de *cuivre*, la tête du Premier Consul, avec la légende : *Bonaparte, Premier Consul* ;

Sur les revers, deux branches d'olivier, au milieu desquelles est placée la valeur de la pièce ; et en dehors la légende, *République française*, avec l'année de la fabrication.

Sur les pièces d'*or* et de *cuivre*, la tête

regarde la gauche du spectateur ; et sur les pièces d'argent, elle regarde la droite.

La tranche des pièces en *cinq francs* porte cette légende : *Dieu protège la France.*

Le diamètre de chaque pièce est déterminé par un règlement d'administration publique.

Mais depuis l'avénement de Napoléon Bonaparte à la dignité impériale, les pièces de monnoie portent d'un côté : *Napoléon Empereur*, et de l'autre : *République française.*

Il y a encore en circulation de l'ancienne monnoie de France.

Savoir :

Des pièces de 48 et de 24 livres, appelées louis d'or.

Des écus de 6 et de 3 livres en matière d'argent.

Il y a encore des pièces d'argent de 6, de 12 et de 24 sols.

Monnoies de billon, 1 sols et demi, monnoies de cuivre, 2 sols, de 1 sol, d'un quart de sol, ou liard, et d'un demi sol, ou 2 liards.

Voitures publiques.

Fiacres, Cabriolets, Remises, Voitures, pour Paris et ses environs.

On fait remonter les premiers carosses à l'an 1559, sous Catherine de Médicis. Avant on alloit à cheval ou sur des mules.

Les premières voitures de place ont été établies dans une maison de la rue Saint-Antoine, qui portoit pour enseigne l'image de *Saint-Fiacre*, et c'est de là qu'elles tirent leur nom.

On en fait monter le nombre à environ 2800 et les cabriolets à 2000, ils ont beaucoup gagné à la révolution pour l'élégance des voitures et la bonté des chevaux.

Le prix est fixé, par ordonnance de police, à 1 fr. 50 cent. ou 30 sous pour la course ; et à l'heure, 2 fr. pour la première heure, et à 1 fr. 50 c. les suivantes.

Le même réglement existe pour les cabriolets. Le cocher pris après minuit, doit être payé le double des prix ci-dessus.

Le cocher pris avant minuit, ne peut,

xxxij Voitures publiques.

après cette heure, exiger que dix sous en sus.

Le cocher qu'on fait détourner pendant la course ne peut exiger que d'être payé à l'heure.

Le droit de passe, au-delà des barrières, est à la charge des cochers.

On paie 4 francs pour aller à Bicêtre.

Si on fait venir un cocher de la place sans l'employer, il ne peut exiger pour cela que 50 cent. ou 10 sous.

Quand on a à se plaindre d'un cocher, on peut le traduire devant le commissaire, il est obligé de vous y conduire.

Pour les carosses de remise, les prix varient suivant l'élégance du train et la beauté des chevaux.

Les cabriolets ou carosses loués au jour, à la semaine ou au mois, sont obligés de conduire dans les environs de Paris, pourvu qu'ils puissent rentrer la nuit.

Pour les fiacres et les cabriolets de place, les réglemens de police ne les obligent que jusqu'aux barrières.

On peut aussi se faire conduire dans les environs de Paris plus économiquement, en prenant à celle des portes qui conduisent à l'endroit où l'on veut se rendre, des voitures des *environs de Paris*. Les prix varient suivant la concurrence.

GRANDE POSTE.

Rue J.-J. Rousseau derrière la Place des Victoires.

Il y a plusieurs bureaux, dont voici les principaux :

1°. Un bureau *d'affranchissement* pour les départemens et l'étranger. *C'est le seul* où l'on puisse affranchir avant deux heures.

2°. Un bureau de *chargement*, en payant le double pour assurer les lettres. Pour qu'elles partent le même jour, il faut affranchir avant deux heures.

3°. Un bureau de *poste restante*, où l'on distribue des lettres *chargées* et celles qui sont adressées poste restante.

4°. Un bureau de *réclamation* et de rebut.

5°. Un bureau *des envois* d'argent à découvert, moyennant cinq pour cent de la valeur.

6°. Un bureau pour les *journaux*; on paie l'envoi à raison d'un sol par feuille d'impression.

Observations essentielles. Les lettres doivent être mises aux différentes boîtes qui sont dans la ville, avant midi précis; passé cette heure, il faut les porter à la grande poste, après une heure, elles sont remises au lendemain.

Il faut bien faire attention si elles doivent être affranchies; celles qui le doivent être et ne le sont pas, sont mises au rebut. *On n'affranchit qu'à la grande poste.*

Il est défendu de mettre de l'or ou de l'argent dans les lettres.

Départ des lettres pour la France.

Tous les jours pour les principales villes; quant aux villes du second ordre, elles partent, pour les unes, les jours pairs; pour les autres les jours impairs; on en trouve par-tout la *note imprimée.*

Départ des lettres pour l'Etranger.

Les jours pairs : Pour le Portugal, l'Espagne, l'Italie et la Suisse.

Les jours impairs : pour la Haute-Allemagne, c'est-à-dire, le Palatinat du Rhin, sur la rive droite ; le duché de Wurtemberg, le Brisgand, tout le cercle de Soabe, celui de Bavière, l'archevêché de Mayence, tout le cercle de Franconie, le cercle du Haut-Rhin ; sur la rive droite, le cercle d'Autriche, la Bohême, la Moravie et la Silésie autrichienne ; pour la Hongrie, la Pologne Autrichienne, et pour toute la Turquie.

Tous les jours : Pour la Hollande, le nord de l'Allemagne, c'est-à-dire, le cercle de Westphalie, celui de la Basse-Saxe, ainsi que la Haute-Saxe, pour toutes les possessions du roi de Prusse ; pour toute la Russie, le Dannemarck et la Suède.

Deux fois par semaine, notamment les mardis et les vendredis, pour l'Angleterre.

Lettres qui doivent absolument être affranchies : Pour les Etats-Unis de l'Amérique, pour toute la *Haute-Al-*

lemagne, comme désignée ci-dessus ; pour la partie d'*Italie* comprenant le Piémont, la Sardaigne, le Milanais, le Mantuan, les états de Venise et de Ragonèse, et pour la *Turquie*, lorsque les lettres sont dirigées par l'Autriche.

Toutes les lettres pour les colonies françaises de l'Amérique ou des Indes, doivent être affranchies jusqu'au port de mer par lequel elles doivent être expédiées.

Les lettres pour l'*Angleterre*, doivent être affranchies jusqu'à Calais.

PETITE POSTE.

Même bureau que la grande Poste.

La petite Poste, pour l'intérieur de Paris, est établie depuis 1760.

On peut avoir réponse trois heures après avoir envoyé la lettre.

On trouve dans tous les quartiers de Paris, des boêtes pour recevoir les lettres.

Tableau qui doit servir de règle pour l'envoi et la réception des lettres.

Heures des Levées.	*Heures des distribut*
I. de 6 à 6 1/2.	I. de 7 à 9.
II. de 8 à 8 1/2.	II. de 9 à 11.
III. de 10 à 10 1/2.	III. de 11 à 1.
IV. de 12 à 12 1/2.	IV. de 1 à 4.
V. de 4 à 4 1/2.	V. de 4 à 6.
VI. de 7 à 8. (1).	VI. de 6 à 8.

Poste aux chevaux. Rue Bonaparte, faubourg Saint-Germain.

On est en général bien servi par poste en France. Voici l'extrait pour ce qui concerne le voyageur.

I. Le prix de chaque cheval, est de 1 franc 50 centimes par poste. On paie à chaque postillon 75 centimes, et il lui est défendu de demander davantage; cependant, on lui donne ordinairement quelques sous de plus, etc.

II. Le voyageur qui arrive à Paris, paie une demi-poste au-delà de la distance de l'endroit d'où il vient, pour le pavé, et une poste en partant de Paris.

---

(1) Cette dernière levée, ne se porte que le lendemain à la première distribution.

Tome I.

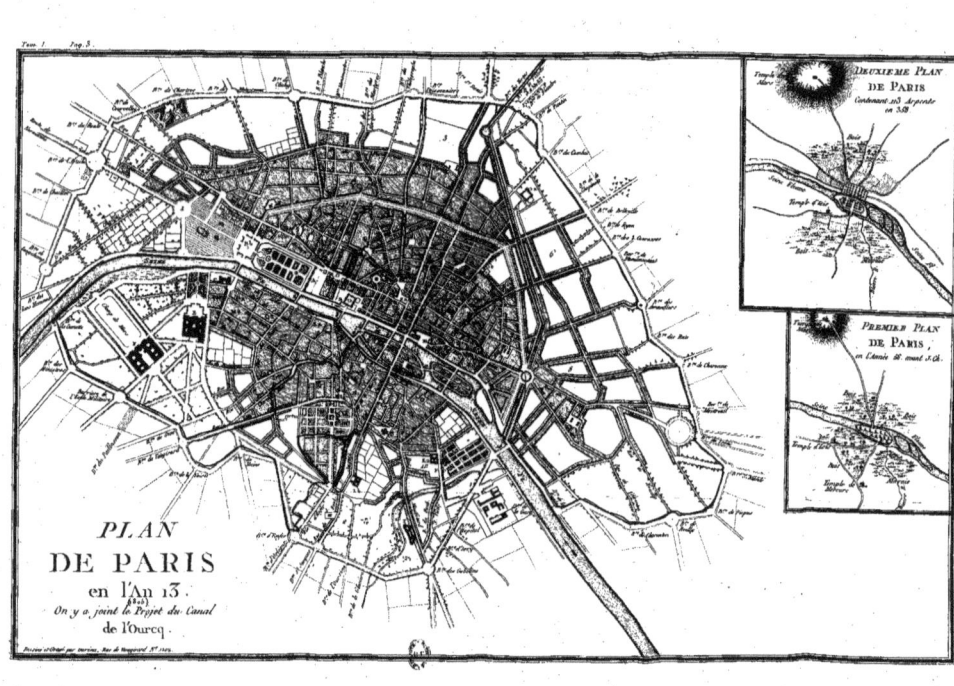

TABLEAU INDICATIF

DES MONUMENS

Dont l'emplacement est désigné sur le Plan de Paris.

A Palais de l'Empereur, ou Tuileries.
B Palais du Sénat Conservateur ou Luxembourg. Résidence du Grand-Electeur.
C *Idem* Du Corps Législatif.
D Tribunat.
E Invalides.
F Ecole Militaire et Champ-de-Mars.
G Louvre où on placera la Bibliothèque Impériale.
H Hôtel-de-Ville et Préfecture.
I Palais de Justice.
J *Idem* des Arts ou Collége Mazarin.
K Hôtel des Monnoies.
L Notre-Dame, Archevêché.
M St. Sulpice.
N Panthéon, ou nouvelle Eglise Ste-Geneviève.
O Ecole de Médecine.
P Bibliothèque Nationale.
Q Bourse.
R Musée Napoléon.
S Musée des Petits-Augustins.

T Manufacture des Gobelins.
V Observatoire.
Y Halle aux Bleds.
Z Madeleine ou Eglise commencée.

A a Opéra.
B a Théâtre Français.
C a Opéra comique National.
D a Vaudeville.
E a Ancienne Comédie Française.
F a Hôtel - Dieu, ou grand Hospice d'Humanité.
G a Hospice St.-Louis.
H a La Salpétrière.
I a Enfans de la Pitié.
J a Incurables.
K a Préfecture de Police.
L a Trésorerie.
M a Ministère de la Guerre.
N a —— de la Marine.
P a —— des Finances.
Q a —— des Relat. extérieures.
R a —— du Grand-Juge.
S a —— de la police générale.
T a Porte St.-Martin.
V a —— St.-Denis.
Y a Place des Victoires.
Z a —— des Innocens ou Halle.

A b Halle aux draps.
B b Place Louis XV, ou de la Concorde.
C b —— Dauphine, ou Desaix.
D b —— des Vosges, ou Royale.
E b —— Vendôme.
G b Temple (le).
H b Hôtel Soubise.
I b Val-de-Grâce.

BASSIN DU CANAL DE L'OURCQ.

1 Pont de la Concorde, ou Louis XV.
2 —— National, ci-dev. Royal.
3 —— des Arts, ou du Louvre.
4 —— Neuf.
5 —— Au change.
6 —— St.-Michel.
7 —— Notre-Dame.
8 Petit-Pont.
9 —— aux malades.
10 —— de l'Archevêché.
11 —— de la Cité.
12 —— Marie.
13 —— de la Tournelle.
14 —— du Jardin des Plantes, en construction.

LISTE DES GRAVURES

CONTENUES DANS CET OUVRAGE.

Tome I.

Porte Saint - Denis. . . . page 108
Porte St.-Martin. 109
Pont-Neuf. 112
Pont du Louvre ou des Arts. . . 124
Place Vendôme. 127
Place des Victoires. 131
Place Desaix. 135
Le Louvre. 138
Palais des Tuileries. 142
Palais du Sénat. 170
Ecole de Médecine. 190
Hôtel des Invalides. 205
Hôtel des Monnoies. 213
L'Eglise Notre-Dame. 219
Le Panthéon. 229

Tome II.

Palais du Tribunat. 68
Château de St.-Cloud. . . . 329
Château de Versailles. . . . 333

Places , Quais , Rues , Culs - de - sacs , Cloîtres , Cours , Enclos , Faubourgs , Passages , avec le N°. de la Division. (Voir pour les arrondissemens dont dépendent les Divisions, page 76 et suiv. de ce volume).

PLACES.

	A.	D.		A.	D.
Arcis (des)...	7	26	théâtre Favart.	2	6
Angoulême (d').	6	21	Concorde (de la)	1	1
Bastille (de la).	8	31	Conty (de) ...	10	37
Bauveau (de).	1	3	Corps-Législatif		
Baudoyer....	8	30	(du).....	10	39
Cambrai. ...	12	45	Droits de l'Homme		
Carrousel (du).	1	1	(des).....	8	30
Champ (du) d'Albiac.	12	45	Ecole (de l') de Médecine. .	11	41
Champ (du) de Mars.....	10		Estrapade (de l')	12	46
			Fidelité (de la)	5	19
Champ (du) des Capucins. .	12	38	Fourcy (de). .	12	45
			Germain (S.) l'Auxerrois.	4	15
Champs-Elysées (des)......	1	2	Indivisibilité (de l')....	7	27
Chats (aux) ..	4	2	Invalides (des).	10	8
Chevalier (du) du Guet.....	4	16	Liberté (de la) ci-dev. la Bastille.......	8	31
Comédie (de la) Italienne ou du					

Places.	A.	D.	Places.	A.	D.
Madeleine (de la).	3	4	cole.	4	15
Maison Commune (de la).	8	30	Quatre-Nations (des) ou de l'Unité.	10	40
Mon fils (de).	2	45	Jacques (Saint) la Boucherie.	2	4
Maubert.	12	45	Sorbonne.	11	41
Michel (saint)	11	41	St.-Sulpice.	11	41
Museum du) ou du Louvre.	4	15	Temple (du)	6	24
Notre-Dame, ou Parvis.	5	36	Thionville, ci-devant Dauphine.	10	40
Odéon de l').	11	41	Trois-Maris (des)	4	15
Ouest (de l') ou Croix - Rouge.	11	41	Tuileries (des).	1	1
Palais (du) de Justice.	9	36	Ursins (des).	9	36
Palais (du) de Tribunat.	2	5	Veaux (aux) Ancienne.	8	30
Panthéon (du).	12	45	Veaux (aux) Nouvelle.	12	46
Patriarches (des).	1	47	Vendôme.	2	5
Pont-Neuf (du).	10	37	Victoires (des).	3	11
Pont (du, Saint-Michel.	11	41	Vincennes, cidevant du Trône.	9	34
Porte (de la) Saint-Antoine.	8	31	Vosges (des) cidev. royale.	8	31
Quai (du) de l'E-					

QUAIS.

	A.	D.		A.	D
Alançon (d').	9	36	Bons - Hommes	1	1
Arsenal (de l').	8	31	Bonaparte.	10	40
Augustins (des).	11	41	Célestins (des).	9	31
Bernard (saint).	12	46	Conference (de la)	1	1

Quaio.	A.	D.	Quais.	A.	D.
Conti.	10	40	Mégisserie (de la)	4	15
Desaix.	10	40	Miramionnes.		
Egalité (de l').	9	36	(des).	12	45
Ecole (de l').	4	15	Museum (du) ou		
Galeries du Louvre			du vieux Louvre.	4	15
(des)	4	15	Orfèvres (des).	4	15
Gevres (de).	7	26	Ormes (des).	8	31
Grands dégrés			Orsai (d').	10	40
(des).	12	45	Paul (saint).	8	31
Grenouillère (de			Pelletier.	7	26
la).	10	38	Pelleterie (de la)	9	36
Horloge du Palais			Quatre-Nations		
(de l').	10	41	(des).	10	40
Infante (de l').	4	15	Rapée (de la).	9	35
Jardin (du) des			République (de la)	9	35
Plantes.	12	46	Théatins (des).	10	40
Liberté (de la).	9	35	Tuileries (des).	1	1
Mail (du).	9	35	Union (de l').	9	35
Malaquais.	10	40			

RUES.

Rues.	A.	D.	Rues.	A.	D.
Abbatiale.	11	41	Amelot.	9	33
Abreuvoir (de l')	9	34	Anasthase (St.).	8	28
Aguesseau (d').	1	4	André-des-Arcs		
Aiguillerie (de l')	4	15	(St.).	11	41
Air (de l').	8	32	André (saint).	8	32
Aligre (d').	9	34	Anne, auj. Hel-		
Amandiers (des).	8	32	vétius, (St.).	2	5
Amandiers (des).	12	45	Anne (sainte).	8	32
Ambroise (d').	2	6	Anne (sainte)	11	44
Ambroise (d').	12	45	Anges (des deux).	10	37

Rues.	A.	D.	Rues.	A.	D.
Angivilliers...	4	14	Bacq (du)...	10	42
Anglaises (des).	9	34	Bagneux (de)..	10	42
Anglaises (des).	12	47	Baillet....	4	14
Angoulême (d').	1	2	Bailleuil....	4	15
Angoulême (d').	6	21	Baillif.....	2	5
Anjou (d')...	2	3	Bains (des)...	1	2
Anjou (d')...	7	27	Ballets (des)..	7	27
Anjou (d').....	1	7	Banianterie...	5	18
Antin (d')...	2	6	Banquier (du)..	12	48
Antoine (saint).	7	28	Barbe (sainte).	5	18
Appentière...	1	14	Barbette....	8	30
Appoline (sainte.	6	22	Bar-du-Bec...	9	32
Arras (d')...	1	43	Bar-Scipion (de la)	12	48
Arbalètre (de l').	1	47	Barres (des).	8	31
Arbre-Sec (de l').	4	14	Barrières (des).	5	20
Arcade (de l')...	1	4	Barrières (des).	12	48
Arche-Pepin (de l').	2	15	Barrillerie (de la)	10	37
Arche-Marion (de,	2	15	Barouillere...	11	42
Arcis (des...	2	16	Barthelemy saint).	9	32
Arcis (des)...	7	25	Basfroid...	8	31
Argenteuil (d') .	2	8	Basse-St-Pierre.	1	2
Arsenal (de l') .	9	34	Basse-Porte-Saint Denis....	3	9
Astorgue (d').	1	4			
Aubri-le-Boucher.	5	0	Basse-du-Rempart.	1	4
Audriettes (des).	9	34	Basse rue de Chaillot....	1	2
Aumaire....	6	23			
Avenue de Saint-Mandé (de l').	8	32	Basse-Ville...	5	18
			Basse-Ville...	10	37
Aveugles (des).	11	43	Batailles (des)..	1	3
Avignon (d')..	6	24	Battoir (du)...	11	43
Avoie (sainte)..	7	25	Baune (de)...	10	40
Babile.....	4	13	Baudin.....	2	7
Babylone....	11	42	Baujolais (des).	1	4

Rues.	A.	D.	Rues.	A.	D.
Banjolais (de)..	7	27	Bon-Conseil...	5	17
Beaubourg...	7	25	Bonne-Morne ou		
Bauce (de)...	7	27	Champs-Elysées.	1	1
Beauregard...	5	13	Bondy (de)...	5	20
Beaurepaire...	5	17	Bonneau....	11	42
Beautreillis...	8	14	Bonne-Nouvelle.	5	18
Beauvais (de)..	4	14	Bonpuits (du..	12	46
Beauveau (de)..	9	35	Bons-Enfans (des)	2	5
Belle-chasse...	10	40	Bordet.....	12	45
Belletosd....	2	8	Boucher....	4	16
Benoît (saint)..	10	40	Boucherat...	6	21
Bercy (de)....	7	27	Boucherie (de la)	11	44
Bergère.....	2	8	Boucheries (des) f.		
Bernard (saint).	8	32	b. St. Germain.	11	42
Bernardins (des).	12	46	Bouch-St.-Honoré		
Bertin Poirée..	4	15	(des)....	2	5
Berry (de)....	7	27	Boucheries (des)		
Bétisy (de)...	4	14	Invalides...	10	38
Beurrière (de la).	11	43	Boudereau....	1	4
Bibliothèque(de la)	2	6	Boulangers (des).	12	46
Bienfaisance (de			Boulets (des)..	8	32
la).....	1	3	Bouloy (du)...	4	13
Bièvre (de)...	12	45	Bourbe (de la)..	12	47
Bigot, ci-dev.			Bourbon - de -		
Monsieur...	10	39	Château...	10	39
Billets (des)..	7	29	Bourdonnais (des)	4	14
Biroten (de)..	12	46	Bourgogne...	7	27
Blanche.....	6	21	Bourgogne (de).	1	39
Blancs-Manteaux.	7	28	Bourg-l'Abbé..	6	22
Bleue.....	2	8	Bourguignons		
Boileau....	11	41	(des).....	1	47
Bon (saint)...	7	26	Bourlibourg..	7	29
Bonaparte....	10	37	Bout-du-Monde.		

Rues.	A.	D.	Rues.	A.	D.
Boutebrie.	11	44	Carreau de la Halle		
Braque (de).	7	27	(du).	4	15
Brave (du).	11	43	Carême-prenant.	5	20
Bretagne (de).	7	27	Cargaisons (des).	9	36
Bretonnerie (de la)	12	46	Carmes (des).	12	46
Bretonvilliers.	9	35	Carniau.	9	36
Briche-Miche.	7	26	Carpentier.	11	42
Brodeurs (des).	11	43	Caron.	7	28
Brunette.	1	2	Carrouzel (du).	1	1
Bucherie (de la).	12	45	Cassin.	12	45
Buffault.	2	8	Cassette.	11	42
Buffon (de).	12	46	Catherine (sainte)	11	41
quisson-Louis.	5	20	Caumartin.	1	4
Bussi (de).	10	37	Cerisaie.	9	33
Buttes (des).	8	32	Cérutti, ci-devant		
Cadet.	2	8	comte d'Artois.	2	7
Cadet (ou de la			Chabanais.	2	5
Voirie).	2	8	Chaillot.	1	2
Cagnard.	11	44	Chaise (de la).	11	42
Caire (du).	5	18	Champ d'Albine		
Champ de l'A-			(du).	12	48
louette.	12	48	Champs-Elysées		
Chantereine ou			(des).	1	2
de la Victoire.	2	8	Champ Fleuri (du)	4	15
Chantier ou du			Chanoinesse.	9	36
Censier.	3	9	Chantre (du).	3	9
Calandre (de la)	9	36	Chantre (du).	9	36
Calonne.	3	9	Chantre (du).	4	14
Canettes (des).	11	42	Chapelle (de la).	5	19
Canivet (du).	11	46	Chanvrerie (de la)	4	15
Capucins (des).	11	42	Chapon.	7	28
Capucines (des).	1	4	Charenton.	9	34
Cardinal.	10	40	Charbonniers (des)	12	47

Rues.	A.	D.	Rues.	A.	D.
Charbonniers (des)	9	34	(du) . . .	4	16
Charlot . . .	6	21	Cheval vert (du).	12	47
Charonne. . .	9	33	Chevet-Landri.	9	36
Chârtière. . .	12	45	Chevilly. . .	1	4
Chartreux (des)	9	3	Chevreuse (de).	11	41
Chat-frileux (du)	9	35	Chiens (des).	12	45
Chat-qui-pêche	11	44	Childeberg. . .	10	40
Château-Landon.	5	19	Choiseul (de). .	2	6
Chaume (du). .	7	27	Cholets (des). .	12	45
Chaumière (de la)			Chopinette (de la)	5	20
ci-dev. Bourbon-			Christine. . .	11	41
le-Château. .	10	39	Christophe. . .	9	36
Chauchat . . .	2	6	Cimetière de la		
Chaussée des Mi-			Réunion (du).	1	2
nimes (de la).	7	28	Cimetiere Saint-		
Chausseterie. .	5	12	André-des-Arts		
Chemin de l'Ab-			(du). . . .	11	41
baye Montmar-			Cimetière Saint-		
tre (du). . .	2	8	Benoit . . .	12	48
Chemin de la Con-			Cimetière Saint-		
trescarpe (du).	6	21	Jacques (du).	12	45
Chemin St. Denis			Cimetière Saint-		
(du). . . .	6	21	Jean (du).	9	33
Chemin de Gen-			Cimetière Saint-		
tilly (du). . .	12	46	Séverin (du).	11	44
Chemin (du) de			Cimetière Saint-		
Ménil-Montant.	8	32	Sulpice (du).	11	43
Chemin de Pantin			Cinq Diamans (des)	6	24
(du). . . .	5	20	Cisalpine. . .	1	4
Chemin Vert (du).	2	7	Ciseaux (des). .	10	40
Chemin Vert (du).	8	32	Clairveaux. . .	9	23
Cherche-Midi (du)	11	42	Claude (Saint). .	10	38
Chevalier du Guet			Clef (de la). .	12	48

Tome I. B

Rues.	A.	D.	Rues.	A.	D.
Cléry (de)	21	30	Corneille (de)	11	41
Cloche-Perche (de)	7	28	Cossonnerie (de la)	4	16
Clopin	12	46	Cotte trouvée (de la)	8	32
Closiorgeau	2	5	Coupe-Gorge	12	47
Clichy	1	3	Courcelles (de)	1	3
Cocatrix	5	36	Cour libre	1	2
Coq (du)	4	15	Couroirie (de la)	7	25
Colbert	2	6	Couronnes (des)	12	48
Colombe (de la)	9	36	Couronnes (des)	6	21
Colombier (du)	3	9	Courtalon	4	16
Colysée (du)	1	2	Courtille (de la)	2	8
Comédie Italienne (de la)	2	6	Coutellerie	7	26
Concorde (de la)	1	2	Cœur-Volant	11	43
Contrescarpe	11	43	Crébillon	11	41
Conty (de)	10	40	Creuze ou des Cornes	12	48
Convention (de la) ci-devant du Dauphin	1	1	Croissant (du)	5	10
Copeau	12	46	Crosnier (de)	4	16
Coquenard	2	8	Croix (de la)	7	22
Coqueron	3	12	Croix blanche (de la)	1	2
Coquillère	3	12	Croix (de la Bretonnerie)	8	29
Coquilles (des)	7	26	Croix de Clamart	12	46
Cordeliers (des) ou de l'Ecole de Médecine	11	42	Croix St.-Martin	6	23
Corderie (de la)	1	4	Croix-des-Petits-Champs	2	5
Cordiers (des)	11	44	Croix (petite)	9	36
Cordonnerie (de la)	4	16	Croix-Rouge	11	42
Corne (de la)	11	42	Croix du Trahoir	4	15
			Croulebarde	12	48

Rues.	A.	D.	Rues.	A.	D.
Crucifix (du)	6	24	Échaudé (de l')	2	5
Crussol	6	21	Echaudé (de l')	4	14
Culture Ste. Catherine	7	26	Echaudé (de l')	7	27
			Echaudé (de l')	10	40
Culture St.-Gervais	8	28	Echelle (de l')	1	1
			Echiquier (de l')	3	9
Cygne (du)	3	10	École (de l') de Médecine	11	42
Cygnes (des)	10	38			
Daval	8	32	École Militaire (de l')	10	40
Déchargeurs (des)	4	14			
Demi-Saint	4	15	Ecosse (d')	12	45
Denis (saint)	5	17	Ecouffes (des)	7	28
Désert (du)	2	6	Ecrivains (des)	6	24
Deux Anges (des)	10	40	Egalité ci-dev. Bourbon-Villeneuve	5	17
Deux Boules (des)	4	14			
Deux Ecus (des)	4	13	Egalité, ci-devant de Condé	11	41
Deux Hermites (des)	9	36			
			Eglise (de l')	10	38
Deux Ponts (des)	9	35	Egout (de l')	1	1
Deux Portes (des)	4	15	Egout (de l'	8	28
Deux Portes (des)	7	28	Egout du Ponceau (de l')	6	24
Deux Portes (des)	11	24			
Deville	12	45	Eloi (saint)	9	36
Doctrine (de la)	12	48	Enclos (de l') Bretonnière	8	29
Dominique (St.)	10	38			
Dominique (St.)	12	48	Enfans-rouges (des)	7	27
Doyenné (du)	1	1			
Droits de l'Homme, au Marais (des)	7	27	Enfer (d')	3	9
			Enfer (d')	9	36
			Enfer (d')	11	43
Durancy	1	3	Enghien	3	9
Duras	1	3	Epée de bois (de l')	12	48
Echarpe (de l')	8	30	Epine (de l')	7	28

Rues.	A.	D.	Rues.	A.	D.
Eperon (de l')	11	41	Roule (du)	1	2
Errancis (d')	1	1	Faubourg du		
Estrapade (de l')	12	45	Temple (du)	6	21
Etienne (saint)	4	15	Faubourg Saint-		
Etienne (saint)	5	18	Victor (du)	12	46
Etienne des Grés			Favart	2	5
(saint)	12	46	Faydeau	2	6
Etoile (de l')	5	18	Femme-sans-tête	9	35
Etoile (de l')	8	31	Fer-à-moulin	1	2
Evêché (de l')	9	36	Fer-à-moulin	12	48
Faisan	1	2	Ferme des Ma-		
Fauconniers (des)	9	35	thurins (de la)	1	4
Faubourg Saint-			Fermée	9	35
Antoine (du)	9	33	Feronnerie (de la)	4	16
Faubourg de Chail-			Férou	11	43
lot (du)	1	2	Fers (aux)	4	16
Faubourg de			Fers (aux)	12	46
Gloire (du)	5	20	Feuillade (de la)	3	11
Faubourg saint-			Feves (aux)	9	36
Denis (du)	5	19	Fiacre (saint)	3	10
Faubourg saint-			Fidélité (de la)	5	19
Honoré (du)	1	2	Figuier (du)	9	31
Faubourg saint-			Filles-Anglaises		
Jacques (du)	12	45	(des)	12	48
Faubourg saint-			Filles-Dieu (des)	5	18
Laurent (du)	5	20	Filles (des) du		
Faubourg saint-			Calvaire	6	21
Lazare (du)	5	19	Filles St.-Thomas	3	11
Faubourg saint-			Fionois	12	48
Martin (du)	5	20	Florentin (saint)	1	1
Faubourg Mont-			Foin (du)	8	28
martre (du)	2	8	Foin (du) saint-		
Faubourg du			Jacques	11	44

Rues.	A.	D.	Rues.	A.	D.
Foire St.-Germain (de la)	11	48	ple (des)	6	21
Folie-Moricourt	6	21	Fossés-St-Victor (des)	12	48
Folie-Regnault	8	32	Fossoyeurs (des)	11	43
Fontaine (de la)	12	48	Fouarre (du)	12	45
Fontaines (des)	6	23	Four (du)	10	40
Fontaine (de la grande)	1	4	Four (du)	12	45
Fontaine (de la petite)	1	4	Four basses (du)	9	36
Fontaine du Diable	1	1	Four (du) Saint-Honoré	3	12
Fontaine Nationale (de la)	9	33	Fourcy (de)	8	30
			Fourreurs (des)	4	16
Fossés (des) St.-Antoine	8	31	Fourneaux (des)	11	41
			Foy (Sainte)	5	18
Fossés (des) St.-Bernard	9	36	Française	12	46
			Française	5	18
Fossés Saint-Germain-l'Auxerrois (des)	4	15	François (saint)	8	31
			Francs-Bourgeois (des)	8	29
Fossés Saint-Germain-prés (des)	12	40	Francs-Bourgeois (des)	12	43
Fossés (des Hauts)	12	43	Fraternité (de la) ci-devant St.-Louis	2	8
Fossés (des) St.-Jacques	12	45	Frépillon	4	13
Fossés (des) St.-Martin	7	26	Fraperie (de la) grande rue	4	16
Fossés-montmartre (des)	3	11	Froid-manteau	4	14
			Fromagerie (de la)	3	12
Fossés (des) M. le Prince, ou de la Liberté	11	41	Fromentelle	12	46
			Frondeurs (des)	2	5
			Fumier (du)	9	34
Fossés du Temple			Furstemberg	10	42

B 5

Rues.	A.	D.	Rues.	A.	D.
Fuseaux (des)	4	15	(du)	6	21
Gaillon	2	6	Grande rue de		
Galande	12	45	Chaillot	1	1
Gancourt	5	20	Grande rue de		
Garancière	11	43	Picpus	8	31
Gautier-Renaud	12	48	Grande rue de		
Geneviève (Ste.)	12	47	Reuilly	9	34
Geoffroi-l'Ange-			Grande rue Ta-		
vin	7	25	ranne	10	40
Geoffroi-l'Asnier	8	30	Grands - Augus-		
Georges (saint)	2	7	tins (des)	11	41
Gérard-Boquet	8	31	Grands - Degrés		
Germain-l'Auxe-			(des)	12	45
rois (St-)	4	15	Grange-Batelière	2	7
Gervais (saint)	8	28	Grange-aux-Belles	5	20
Gervais-Laurent	9	36	Grange-aux-Mer-		
Gindre (du)	11	43	ciers	9	34
Gilbert	5	20	Gravilliers (des)	6	23
Git-le-Cœur	11	41	Grenelle (de)	4	13
Glacière (de la)	12	45	Grenelle, Gros-		
Glatigny	9	36	Caillou	10	38
Gloriette	5	19	Grenéta	6	22
Gobelins (des)	12	48	Grenier-Saint-La-		
Gosniere	4	16	zarre	7	25
Gonesse	11	43	Grenier-sur-l'Eau	8	30
Gourdes (des)	1	2	Grenouillère (de		
Gracieuse	12	46	la)	10	38
Grammont	2	6	Gresillons (des)	1	2
Grand - Chantier			Grétry	2	6
(du)	7	27	Gril (du)	12	48
Grand - Hurleur			Grille (de la)	9	36
(du)	2	6	Gros-Caillou (du)	12	48
Grand - Prieuré			Gros-Caillou (du)	10	38

Rues.	A.	D.	Rues.	A.	D.
Gros-Chenet (du)	3	10	sac Taitbout.	2	7
Grue (de la) ..	5	20	Helvétius, ci-de-		
Guénegaud ...	10	40	vant Ste.-Anne	12	47
Guérin-Boisseau	6	22	Hilaire (saint).	12	45
Guiot	2	5	Hillerin-Bertin .	11	42
Guillaume . . .	9	35	Hirondelle (de l')	11	41
Guillaume (St.) .	10	39	Hoche (du Gé-		
Guillemain . . .	11	43	néral)	1	1
Guisarde	11	43	Homme - Armé		
Halle-aux-Bleds			(de l'). . . .	7	27
(de la) . . .	4	13	Honoré (St.) . .	4	15
Halle au Poiré			Honoré - Cheva-		
(de la). . . .	4	14	lier	11	43
Halle-aux-Veaux			Hôpital St.-Louis	5	20
(de la) . . .	12	45	Hospice (grand)		
Halle-aux-vins .	12	46	d'Humanité, ou		
Haranguerie (de la	4	15	Hôtel-Dieu. .	9	36
Harley (du) . .	8	28	Hospice national		
Harpe (de la) . .	10	44	des femmes, ou		
Haut-fort. . . .	12	47	la Salpêtrière .	12	48
Haut-Moulin ..	6	21	Hôtel des Inva-		
Haut-Pavé . . .	11	44	lides	10	40
Hébert	1	2	Houssaie (de la)	2	7
Hautes-Bornes..	5	21	Huchette (de la)	11	43
Haute-Feuille ..	11	41	Hurepoix (du) .	11	44
Hauts - Fossés-			Hyacinthe (St.).	11	44
Marcel (des) .	12	48	Hyppolite (St.).	12	47
Haut-Moulin (du)	9	36	Isle de la Fraternité	9	35
Haute-Ville ..	3	9	Isle Louviers. .	9	36
Hazard (du). . .	2	5	Isle du Palais de		
Haumerie (de la)	6	24	Justice. . . .	9	35
Helder (du) ci-			Ivri (d'). . . .	12	48
devant cul-de-			Ivrogne (de l') .	9	34

Rues.	A.	D.	Rues.	A.	D.
Jacinthe	12	48	Jouaillerie (de la)	7	26
Jacob	10	40	Joubert, ci-dev.		
Jacquelet	3	11	Capucine	2	7
Jacque de la Boucherie	6	24	Jour (du)	3	12
			Jouy (de)	8	30
Jacques (saint)	11	44	Judas	12	48
Jardinet (du)	11	41	Julien le Pauvre	12	45
Jardin (du) des Plantes	12	46	Juifs (des)	7	28
			Juiverie (de la)	9	36
Jardins (des)	8	31	Juranthe	8	31
Jarente (de)	7	28	Jussienne (de la)	3	11
Jean (saint)	10	38	Justice ci-dev. Princesse	11	42
Jean-Baptiste	1	3			
Jean-de-Baune	4	13	Lamoignon	9	35
Jean-de-Beauvais (St.)	7	28	Lancry (de)	5	20
			Landry (St.)	9	36
Jean-Beaussire	7	28	Langlade (de)	2	5
Jean-Denis (St.)	4	14	Lanterne (de la)	7	26
Jean de l'Epine	4	16	Lanterne (de la)	9	35
J.-J. Rousseau, ci-devant Platrière	3	12	Lard (au)	2	5
			Lappe (de)	8	32
			Laurent (saint)	5	19
Jean-Lantier	4	16	Lavandières (des)	4	16
Jean de Latran (St.)	12	45	Lavandières (des)	12	45
Jean Pain Mollet	7	26	Lavrillière (de)	2	5
Jean-Robert	6	23	Lazare (saint)	2	8
Jean Tison	4	14	Lenoir	4	16
Jérôme (St.)	7	26	Lenoir	8	32
Jérusalem (de)	10	37	Le Pelletier	2	5
Jeûneurs (des)	3	10	Lessait	12	46
Joie Creuse	12	48	Lesdiguières	8	31
Jolivet	2	8	Leufroy (saint)	4	15
Joseph (St.)	3	10	Levée	6	24

Rues.	A.	D.	Rues.	A.	D.
L'évêque	2	5	Madame	11	42
Lévis (de)	1	1	Madeleine (de la)	1	3
Levrette (de la)	8	31	Magloire	6	24
Liberté (de la) ci-dev. des Fossés de M. le Prince	11	41	Mail (du)	3	11
			Maillet	12	47
			Maison-neuve	1	3
Licorne (de la)	9	36	Malthe (de)	1	1
Lille (de) ci-dev. Bourbon	10	39	Malthe (de)	6	21
			Macquignons (g.p.)	1	1
Limace (de la)	4	14	Manufacture Nationale des Gobelins	12	46
Limoge (de)	7	27			
Lingerie (de la)	4	16			
Lionnais (des)	12	47	Marais (des)	10	40
Lionne (de la)	6	6	Marais du Temple (des)	5	20
Lions (des)	8	31			
Loi (de la) ci-dev. Richelieu	2	6	Marc (saint)	2	6
			Marcel	12	48
Lombards (des)	6	24	Marceau, ci-dev. Rohan	1	1
Long Champ (de)	1	2			
Long Pont (du)	8	30	Marche (de la)	7	27
Longue avoine	12	47	Marché (du)	1	4
Louis (St.) Honoré	1	1	Marché (du)	8	30
Louis le Grand	1	4	Marché neuf (du)	9	36
Louis (St.) ou de Turenne	8	29	Marché St. Jean (du)	7	28
Louis (saint)	5	20	Marché Palu (du)	9	36
Louis (saint)	9	36	Marguerite	8	30
Louvois (de)	2	6	Marguerite	10	40
Luxembourg (ci-devant)	1	4	Marie (sainte)	10	39
			Maringy	1	2
Lune (de la)	5	18	Marengo ci-dev. d'Enfer	11	43
Mâcon	11	41			
Maçons Sorbonne	11	44	Marionnettes		

Rues.	A.	D.	Rues.	A.	D.
(des)	12	47	Michodière (de la)	2	6
Marivaux (de).	2	6	Mignon	11	41
Marmouzets (des)	9	36	Milet	1	2
Marmouzets (des)	12	48	Minimes (des).	8	28
Martel	8	30	Miroménil . . .	4	13
Marthe (sainte)	3	10	Moineaux (des)	2	5
Martin (saint).	6	22	Molière (de). .	11	42
Martyrs (des) .	2	8	Monnaie (de la)	4	15
Martroi (du) .	8	30	Monceau (du) .	2	5
Masuru (de la)	8	30	Monceau-Gervais		
Matignon (de)	1	1	(du)	8	30
Matignon (neuve)	1	1	Monsieur (de) ou		
Mathurins (des)	11	44	Bigot.	10	39
Maubuée	7	25	Mondetour (de)	5	17
Maur (saint). .	5	20	Montagne - Ste.-		
Mauvaises paroles			Geneviève (de la)	12	45
(des).	4	14	Mont-Blanc, ci-		
Mauvais garçons			dev. Chaussée		
(des)	8	30	d'Antin. . . .	2	6
Mazarine	10	40	Mont-Gâlet. . .	8	32
Mêlée	6	23	Mont-Hilaire . .	12	48
Ménageries (des)	3	9	Montholon (de)	2	8
Menars (de) . .	2	6	Montigny (de).	12	45
Menêtriers (des)	7	25	Montmartre. . .	3	12
Merriere	4	13	Montorgueil. . .	3	12
Ménil - Montant			Mont-Parnasse .	11	43
(de).	6	21	Mont-Pensier ou		
Mézières	4	13	Quiberon. . .	1	1
Mézières (de) .	11	43	Montreuil (de).	8	31
Michel	11	44	Moreau . . . , .	8	30
Michel-Pelletier,			Mortellerie (de la)	8	30
ci-d. Michel-			Morts (des) . .	5	20
le-Comte . . .	7	25	Morue (de la bonne)	1	2

Rues.	A.	D.	Rues.	A.	D.
Mouffetard	12	48	Neuve-du-Colombier	7	28
Moulin (du) Crou-le-Barbe	4	15	Neuve-du-Colysée	1	2
Moulin (du) de Gentilly	12	45	Neuve-Ste.-Croix	1	4
			Neuve-St.-Denis	6	22
Moulins (des)	2	5	Neuve-Egalité	5	18
Moulins (des)	6	21	Neuve-Etienne	5	20
Mousseaux (de)	1	3	Neuve-St.-Etienne	12	48
Moussy (de)	6	21	Neuve-St.-Eustache	3	9
Mouton (du)	8	30			
Mulets (des)	2	7	Neuve-des-Filles-Dieu	3	9
Muette (de la)	8	32			
Muette (de la)	12	48	Neuve-de-la-Fontaine	2	6
Mûrier (du)	12	46			
Muséum (petit)	4	16	Neuve-des-Fossés-Montmartre	8	28
Murs (des) de la Roquette	8	32	Neuve de Marivaux	2	6
Nazareth (de)	10	37			
Neuve-St.-Anasthase	8	31	Neuve-St.-François	7	28
Neuve-des-Augustins	2	6	Neuve-Ste.-Geneviève	12	47
Neuve-de-Berry	1	1	Neuve-St.-Gilies	7	28
Neuve-des-Bons-Enfants	2	5	Neuve-St.-Jean	5	19
			Neuve-St.-Laurent	6	23
Neuve-des-Capucins	1	4	Neuve-le-Pelletier	2	6
Neuve-des-Capucines	1	1	Neuve-de-Louvois	2	6
Neuve-Sainte-Catherine	7	28	Neuve-du-Luxembourg	1	4
Neuve-St.-Charles	1	3			
Neuve-St.-Claude	5	18	Neuve-St.-Marc	2	5

Rues.	A	D	Rues.	A	D
Neuve-St.-Martin	6	21	thieu	1	2
Neuve-des-Mathurins	1	4	Neuve-de-Richelieu	11	44
Neuve-Matignon	1	2	Neuve-St.-Roch	2	5
Neuve-St.-Médard	12	46	Neuve-St.-Sauveur	5	18
Neuve-St.-Merri	17	25	Nevers (de)	10	40
Neuve-de-la-Michodière	3	9	Nicaise (St.)	1	1
			Nicolas (St.)	1	1
Neuve-Montmorency	2	6	Nicolas (St.)	8	32
Neuve-Néker	7	28	Nicolas (St.) du Chardonneret	12	45
Neuve-St.-Nicolas	5	20	Nonaindieres (des)	8	30
Neuve-Notre-Dame	9	36	Normandie (de)	6	21
Neuve-Notre-Dame-des-Champs	11	43	Notre-Dame-de-Bonne-Nouvelle	2	7
Neuve-Notre-Dame-de Lorette	3	10	Notre-Dame-de-Nazareth	6	23
Neuve-de-l'Observatoire	12	47	Notre-Dame-de-Recouvrance	5	17
Neuve-de-l'Odéon	11	40	N.-D.-des-Victoires Nationales	3	11
Neuve-des-Oiseleurs	7	27	Noyers (des)	12	48
Neuve-d'Orléans	5	19	Oblin	4	13
Neuve-d'Orléans	12	48	Observance (de l')	11	41
Neuve-St.-Paul	8	31	Ogniart	6	24
Neuve-des-petits-Champs	3	11	Oiseaux (des)	7	27
			Oiseleurs (des)	7	27
Neuve-de-Poitiers	1	2	Ormes (des)	9	35
Neuve-de-Popincourt	8	32	Orberie (de l')		
			Olivet (d')	10	40
Neuve-de-Pon-			Orangerie (de l')	1	1

Rues.	A.	D.	Rues.	A.	D.
Oratoire (de l').	4	14	Pavée.	7	28
Orfèvres (des).	4	15	Pavée.	12	48
Orléans (d') . .	4	13	Pavée-St.André-des-		
Orléans (d') . .	7	27	Arts.	11	44
Ormesson (d') .	7	28	Pavée-St.-Sauveur	5	17
Orties (des) . .	1	1	Pelleterie (de la)	9	36
Orties (des). . .	2	15	Pelletier.	5	17
Oseille (de l').	8	30	Pépinière (de la).	5	4
Ours (aux). . .	7	28	Percée.	8	32
Oursine (de l').	12	48	Percée	11	44
Pagevin	3	11	Perche (du) . .	7	27
Païenne.	7	28	Perdue	12	45
Paix (de la) . . .	11	44	Pères (des saints)	10	38
Palatine	11	43	Périgueux. . . .	6	24
Paon (du) . . .	8	32	Perrin-Gosselin. .	11	43
Paon blanc (du).	8	30	Perrine (sainte). .	4	2
Paon (du). . . .	11	44	Perle (de la). .	7	28
Paon (du). . . .	12	46	Pernelle.	9	33
Papillon (du) . .	2	8	Perpignan. . . .	9	36
Paradis (de). . .	3	8	Pet-au-Diable		
Paradis (de). . .	7	27	(du).	8	30
Paradis (de). . .	10	37	Petits-Augustins.	10	40
Parc (du) ci-de-			Petit-Bacq (du).	11	42
vant Royal . .	8	28	Petit-Banquier		
Parcheminerie. .	11	44	(du)	12	48
Parvis-Notre-			Petites-Ecuries		
Dame (du) . .	9	36	(des)	3	9
Passage du Sund			Petite-Monnaie	1	1
(du).	1	3	(de la)		
Pas-de-la-Mule			Petit-Burus . . .		
(du).	10	40	Petit-Bourbon		
Pastourelle . . .	7	27	(du) ou du Mu-		
Paul (saint) . . .	8	31	séum.	4	16

Tome I.   C

Rues.	A.	D.	Rues.	A.	D.
Petit - Bourbon (du) ou St.-Sulpice.	11	42	Petite rue Neuve-Saint-Gilles . .	7	27
Petit-Carreau . .	5	18	Petite rue de Reuilly	9	34
Petit.Carouzel (du)	1	1	Petite rue Saint-Jean.	5	19
Petits-Champs des	7	25	Petite rue Saint-Pierre. . . .	3	11
Petit - Champ de l'Alouette (du)	12	48	Petite rue Taranne. . . .	10	40
Petits - Degres (des)	12	45	Petite rue Verte.	1	3
Petit-Hurleur . .	5	17	Philippe (saint).	6	21
Petit-Jardinet (du)	8	30	Philippeaux . .	7	25
Petit-Lion (du)..	5	17	Picpus.	9	34
Petit-Lion, F. G.	11	43	Pied-de-Bœuf(du).	7	26
Petit-Moine (du).	12	48	Pierre (saint). .	8	32
Petit-Musc (du) .	8	31	Pierre-des-Assises (saint). . .	12	48
Petits-Pères (des)	5	11	Pierre-au-Lard (S.)	7	25
Petits-Pilliers(des)	2	5	Pierre-aux-Poissons (saint).	9	26
Petit-Pont (du).	10	37	Pierre-aux-Bœufs	9	36
Petit - Reposoir (du).	3	11	Pierre-Levé (saint,	8	32
Petit - Vaugirard (du)	10	38	Pierre Sarrazin.	7	26
Petites - Ecuries (des)	3	10	Pinon.	2	7
Petite - Triperie (de la)	4	16	Piques (des) ci-dev. Louis-le-Grand.	1	4
Petite - Monnaie (de la)	1	1	Pirouette (de la).	5	17
Petite rue de Marivaux.	6	24	Place-aux-Veaux (de la). . . .	7	26
			Placide.	11	42
Petite rue la Bretonnerie. . . .	12	48	Planche (de la)	11	42
			Planchette (de la).	9	33

Rues.	A.	D.	Rues.	A.	D.
Planche Mibrai.	7	26	Popincourt.	8	32
Plat-d'étain (du)	4	14	Porcherons (des)	2	8
Plâtre-Avoie (du	7	25	Port-au-Bled (du)	8	32
Plâtre-Saint-Jacques (du).	12	45	port-aux-OEufs (du).	9	36
Plâtre (du).	7	26	Port-l'Evêque.	9	36
Plâtre (du).	7	26	Portes (des).	2	3
Plumet.	11	42	Porte-Dorée, ou du Paon.	8	30
Plumets (des) ou Alomot.	9	34	Porte-des-douze.	7	28
Pochet.	10	32	Porte-Foin.	7	27
Pointe-Saint-Eustache.	3	11	Porte-Paris (de la).	6	24
Poirée.	11	44	Portes (des).	2	7
Poirier (du)	7	25	Postes (des).	12	47
Poissonnière,	3	9	Pot-de-fer.	11	43
Poitevins (des).	11	41	Pot-de-fer.	12	47
Poitiers (de).	1	2	Potence (de la)	5	19
Poitiers (de).	10	39	Poterie (de la).	4	16
Poitou (de).	7	27	Poterie (de la).	7	26
Poliveau.	12	48	Potier-d'Étain.	5	17
Pologne (de la).	1	2	Poules (des).	12	47
Pompe (de la).	1	2	Poulies (des).	4	14
ponceau (du).	6	22	Paultier.	9	35
Pont (du) d'Arcolle:		21	Poupée.	11	41
Pont-aux-Biches (du).	6	21	Pourtour (du).	1	2
Pont-aux-Choux (du).	12	48	Prêtres.	5	2
Pont-aux-Tripes (du)	11	41	Prêtres-St-Etienne-Dumont (des).	12	45
Pont-de-Lodi (du)	12	45	Prêtres-St-Germain l'Auxerrois (des).	4	15
Ponthieux (de).	1	9	Prêtres-St-Paul (des).	8	31

Rues.	A.	D.	Rues.	A.	D.
Prêtres-St.-Séverin (des).	11	44	Rats (des).	8	32
Procession (de la)	8	29	Rats (des).	12	45
Projettée.	3	12	Ravel (de).	10	39
Projetée.	1	2	Réale (de la).	3	12
Prouvaires (des).	3	12	Récollets (des).	5	20
Provence (de).	2	6	Reine-Blanche (de la).	12	48
Puits (du).	7	27	Renard (du).	6	22
Puits (du).	12	46	Renard (du).	11	41
Puits - d'Amour (du)	12	45	Regard (du).	11	42
Puit-Certain (de)	12	45	Régard (du).	11	44
Puit-de-l'Hermite (du).	11	44	Régnaud-la-Sève.	8	30
			Regratière.	9	35
Puit-qui-parle (du).	12	45	Rempart (du).	2	7
			Rempart-du-Temple (du).	6	21
Puit-de-Rome (du)	6	23	Renard (du).	7	25
Puit-le-la-Ville (du).	12	45	Reposoir (du).	3	11
			Résillon (de).	1	2
Purgée (ci-devant du Férou)	4	16	Reuilly (de).	8	32
Quatre-Mare.	1	3	Réunion (de la) ci-lev. Montmorency.	7	25
Quatre-Fils (des)	7	27			
Quatre-Sols.	5	19	Rheims (de)	12	45
Quatre-Vents.	11	43	Ribauté.	2	8
Quenouille (de la)	4	15	Richer.	2	8
Quiberon.	2	7	Riom (de).	6	24
Quincampoix.	6	24	Rochechouard (de)	2	6
Quinze - Vingts (des).	1	1	Rochefoucault (de).	2	7
Racine (de).	11	41	Roch (saint).	3	10
Rambouillet (de).	9	34	Rohan (de) ou Marc.	1	1
Rapée (de la).	9	34			

Rues.	A.	D.	Rues.	A.	D.
Roi-Doré,	5	20	Sébastien.	8	32
Romain (saint)	10	39	Seine (de)	10	40
Rome (de)	6	23	Seine (de)	12	46
Roquépine	1	3	Sentier (du)	5	10
Roquette	9	33	Sept-Voies	12	45
Rosiers (des)	8	29	Sepulchre (du)	10	40
Rosiers (des)	10	39	Serpente	12	42
Roule (du)	6	21	Sève (de)	11	44
Roulette (de la)	4	14	Séverin (saint)	11	42
Rousselot	1	2	Simon-le-Franc	7	25
Rousselet	10	41	Singes (des)	7	27
Route de Meaux	6	21	Soli	3	11
Route de la Villette	5	19	Sonnerie (de la)	4	15
Ruelle	7	28	Sorbonne (de)	11	44
Ruelle Bardin	2	6	Soubise (de)	7	27
Ruelle montante	10	40	Sourdière (de la)	2	15
Ruelle des Vinai-			Spire (de)	5	18
griers	5	19	Sulpice (St.) ou du		
Sabin	8	32	Petit-Bourbon	11	42
Sabot (du)	15	40	Surène (de)	1	3
Saintonge	6	21	Symphorien (St.)	12	45
Salle-au-Comte	6	24	Syon	10	40
Salembrière	3	25	Tabletterie (de la)	4	16
Sansonnets (des)	12	47	Tacherie (de la)	7	26
Santé (de la)	12	37	Taille-Pain	7	25
Sartine (de)	4	13	Taranne	10	40
Sartine	12	46	Taitbout	2	5
Saussaies (des)	1	3	Tannerie (de la)	7	26
Saussaies (des)	12	46	Teinturiers (des)	7	26
Sauveur (saint)	6	22	Temple (de)	7	25
Savoie (de)	11	41	Terres-fortes (des)	10	38
Savonnerie (de la)	7	26	Théâtre Français		
Scipion	12	43	ou de l'Odéon	11	41

Rues.	A.	D.	Rues.	A.	D.
Thérése	2	5	Traverse	11	42
Thevenot	5	18	Traversière	2	5
Thibautodé	4	15	Traversière	9	34
Thionville, ci-J. Dauphine	10	40	Traversine	2	5
			Traversine	12	45
Thiroux	1	4	Treille (de la)	11	43
Thomas (saint)	11	44	Triplet	12	46
Thomas-du-Louvre	1	1	Triperie (de la)	7	26
			Trognon	6	24
Tonnellerie (de la)	5	20	Trône (du)	9	36
Thorigny (de)	7	28	Trois-Bornes	9	13
Toulouse (de), ou de la Vrillière	2	5	Trois Canettes	9	33
			Trois-Chandeliers (des)	11	44
Tire-Chappe	4	14			
Tire-Boudin	5	17	Trois-Couronnes (des)	12	47
Tiron (de)	8	29			
Tirouane	3	10	Trois-Couronnes (des)	12	48
Tiquetonne	3	12			
Tixéranderie (de la)	8	30	Trois-Frères (des)	12	46
			Trois-Morts (des)	6	21
Tour (de la)	7	27	Trois-Maures (des)	6	24
Touraine (de)	7	26	Trois-Pavillons (des)	2	8
Touraine (de)	11	41			
Tour-d'Auvergne	2	8	Trois-Pistolets (des)	8	31
Tour-des-Dames	2	8			
Tournelles (des)	7	28	Trois-Portes (des)	12	46
Tournelle (de la)	12	47	Trois-Visages (des)	4	13
Tourniquet	9	36	Trop-va-qui-dure	4	14
Tournon (de)	11	43	Trousse-Vache	6	24
Tracy (de)	6	22	Trouée	7	28
Traînée	3	12	Tuanderie (gr. et petite)	5	17
Transnonain	7	25			
Traverse	1	1	Trudon	1	4

Rues.	A.	D.	Rues.	A.	D.
Tuerie	7	21	Vide-Gousset	3	13
Union (de l')	1	2	Vignes (des)	12	47
Université (de l')	10	38	Vieilles - Audri-		
Université (de l')	12	48	ettes (des)	7	27
Ursins (des) Basse	9	36	Vieille-Bouclerie		
Ursins (des) haute	9	36	(de la)	11	44
Ursins (des) milieu	9	36	Vieille-Draperie		
Vallée (de la) de			(de la)	9	36
Fécamp	3	15	Vieille-Estrapade		
Valois (de)	1	1	(de la)	12	45
Vannerie (de la)	7	25	Vieilles - Etuves		
Vannes (de)	4	13	(des)	4	13
Varennes (de)	4	13	Vieilles - Etuves		
Varennes (des)	11	44	(des)	7	25
Vaugirard (de)	11	41	Vieilles - Garni-		
Vendôme (de)	6	21	sons (des)	8	30
Venise (de)	6	24	Vieille-Harenge-		
Ventadour	2	5	rie (de la)	4	16
Verdelet	5	17	Vieille-Lanterne		
Verderet	5	18	(de la)	7	26
Verrerie (de la)	7	26	Vieille-Monnaie		
Verneuil (de)	10	39	(de la)	6	21
Versailles (de)	12	46	Vieille - Notre-		
Verbois (du)	6	22	Dame	12	47
Verte	8	32	Vieille - Orange-		
Verte (gr. rue)	1	3	rie (de la)	4	16
Vertus (des)	6	23	Vieille Place-aux		
Vezelai	1	3	Veaux (de la)	7	26
Viarmes (de)	4	13	Vieille Rue du		
Victoire (de la)			Temple	8	32
ci-d. Chante-			Vieilles Tuileries		
Reine	2	8	(des)	11	42
Victor (saint)	12	46	Vierge (de la)	10	38

Rues.	A.	D.	Rues.	A.	D.
Vieux-Augustins (des)	3	12	Vinaigriers (des)	5	20
			Vivienne	3	11
Vieux-Colombier (du)	11	43	Voltaire (de)	11	43
Villedot	2	5	Vosges (des), ci-devant Royale	7	28
Ville-l'Evêque (de la)	1	3	Vrillière (de la), ou de Toulouse	2	5
Ville-Neuve, ci-dev. Bourbon	5	17	Yvri (grande rue d')	12	47
Villiers (de)	14	3	Zacharie	11	

CARREFOURS.

	A.	D		A.	D.
Au Lait	1	4	Guilleric	7	26
Bonne-Nouvelle	6	18	Puits Alets (du)	4	14
Bussy	10	37	Puits de l'Hermite (du)	12	46
Croix de Clamard (de la)	12	46	Quatre cheminées (des)	2	5
Croix Rouge (de la)	11	42	Saint-Benoît	10	40
			Saint-Denis	6	22
Croix du Trahoir (de la)	4	14	Saint-Martin	6	22

CLOITRES.

	A.	D.		A.	D
Notre-Dame	9	36	St.-Jacques-de-l'Hôpital	5	17
Saint-Benoît	11	44			
Saint-Denis-de-la-Chartre	9	36	Saint-Julien-le-Pauvre	12	45
Saint-Germain-l'Auxerrois	4	15	Saint-Martin-des Champs	12	45

	A.	D.		A.	D.
St.-Nicolas-des-Champs	6	23	St.-Thomas-du-Louvre	1	1
Saint-Severin	11	44			

COURS.

	A.	D.		A.	D.
Arsenal (de l')	12	48	Mandar	3	12
Bastille (de la)	8	31	Maures (des)	7	25
Batave	4	44	Miracles (des)	5	18
Bavière	12	45	palais (du) de Justice	10	37
Carmélites (des)	12	47			
Chapelle (de la)	10	37	Pont-aux-Biches (du)	6	23
Collège d'Autun (du)	11	41	St.-André-des-Arts	11	41
Commerce (du)	11	41	St.-Germain-des-Prés	10	40
Dragon (du)	10	40			
Fontaines (des)	1	2	Saint-Guillaume	2	7
Juiverie (de la)	8	32	Salpêtre (du)	8	30
Louvre (du)	4	15	Tuileries (des)	1	1
Manège (du ci-d.)	1	3			

CULS-DE-SACS.

	A.	D.		A.	D.
Albert	12	45	Ave Maria (de l')	8	29
Amboise (d')	12	48	Basfour	6	23
Anglais (des)	7	25	Babillards (des)	3	9
Anjou (d')	4	15	Babillard (du)	5	19
Argenson (d')	7	25	Baïf	5	18
Argenson (d')	8	29	Barthélemy (St.)	10	37
Argenteuil (d')	1	3	Bastille (de la pet.)	4	15
Aumont (d')	8	30	Baudoyer	7	25

Culs-de-Sac.	A.	D.	Culs-de-sac.	A.	D.
Bavière	12	45	Cordiers (des)	12	48
Beaudoir	10	27	Courbâton	4	14
Beaufort	6	24	Cour de Rohan		
Benoît (saint)	7	26	(de la)	11	41
Bernard (saint)	14	25	Croix-Faubin	9	33
Bernard (St.)	8	32	Crucifix (du)	5	18
Bertrand (saint)	7	25	Dominique (St.)	12	48
Bertault	7	26	Dominique (St.)	3	14
Bœuf (au)	7	26	Echiquier (de l')	6	12
Bœufs (des)	12	45	Egout (de l')	5	19
Bon-Conseil	5	18	Empereur (de l')	5	17
Bouteille (de la)	7	25	Etoile (de l')	5	18
Bouvard	12	45	Etuves (des)	6	24
Brasserie (de la)	2	5	Ferou	7	23
Brutus	2	8	Feuillantines (des)	12	47
Cagnard	11	41	Farou	11	43
Carmélites (des)	12	45	Fiacre (St)	4	10
Carcuisson	9	36	Fiacre (saint)	6	21
Catherine (Ste.)	12	45	Filles-Dieu (des)	3	9
Chat blanc (du)	6	24	Fort-aux-Dames	5	18
Chevalier du Guet			Fourcy (de)	8	30
(du)	4	15	Fosse-aux-Chiens		
Claude (saint)	3	11	(de la)	4	14
Claude (saint)	7	28	Grange-Batelière	2	7
Claude (St.) Rapée	8	34	Gloriette (de)	9	36
Clervaux (de)	7	25	Grosse-Tête (de la)	5	18
Colombe (de la)	7	27	Guépine (de)	8	30
Commissaires (des)	2	8	Guemené (de)	7	23
Contrescarpe	9	34	Guichet (du)	10	40
Conty	10	45	Haumont (d')	9	26
Coquerelle	8	29	Hautefort	12	47
Coquerelle	7	25	Heaumerie (de la)	6	24
Corderie (de la)	2	5	Hospitalières (des)	8	30

Culs-de-Sac.	A.	D.	Culs-de-Sac.	A.	D.
Hyacinthe (St.)	2	5	Pierre-des-Arcis (Saint)	9	36
Jacques-l'Hôpital (St.)	5	18	Planchette (de la)	9	33
Jardin des Plantes (du)	12	46	Poissonnerie (de la)	5	20
Jardiniers (des)	8	32	Pont-aux-Biches (du)	6	23
Jérusalem (de)	9	36	Porte-aux-peintres (de la)	6	24
Jésuites (des)	8	31	Prêcheurs (des)	2	5
Jeu de Mai (du)	11	41	Provençaux (des)	4	13
Laurent (St.)	3	9	Puits-de-Rome (du)	3	31
Laurent (saint)	6	21	Putigneaux	9	33
Louis (St.)	9	35	Quatre-Vents (des)	11	43
Mandar (présentement rue)	3	12	Rollin-paye-Gage	4	16
Marine	9	36	Roch (saint)	2	5
Martial	9	36	Rocher (du)	1	2
Michel (saint)	5	20	Rome (de)	6	23
Mortagne	9	37	Roquette (de la)	8	32
Murs de la Roquette (des)	8	32	Sablons (des)	10	37
Nevers (de)	10	20	Salambrière	11	44
Notre-Dame des Champs	11	43	Sébastien	8	32
			Soissons	3	12
			Sourdis	4	16
Paon (du)	11	43	Taitbout (de la rue)	2	7
Patriarches (des)	12	46	Traverse	2	5
Paul (St.)	9	36	Treille (de la)	4	15
Pecquai	7	28	Trois Visages (des)	4	14
Pétigneux	9	36	Ursulines (des)	12	47
Péronnelle	2	5	Venise (de)	9	36
Petit-Jardinet (du)	9	33	Venise (de)	6	24
Pierre (saint)	3	9	Versailles (de)	12	48
Pierre (saint)	8	29	Vignes (des)	12	47
Pierre (saint)	7	28			

ENCLOS.

	A.	D.		A.	D.
Abbaye de Saint-Germain (de l')	10	40	Païens	12	47
			St.-Jean-de-Latran	12	48
Enfans de la Trinité (des)	6	22	Santé (de la)	12	48
Enfans-Rouges (des)	7	27	Temple (du)	6	23

FAUBOURGS.

	A.	D.		A.	D.
Conférence (de la)	1	2	Denis (saint)	5	19
Gros-Caillon (du)	10	40	Honoré (saint)	1	4
Montmartre (de)	2	8	Germain (saint)	10	40
Nord (du)	5	19	Lazare (saint)	5	20
Poissonnière	3	9	Laurent (saint)	5	20
Picpus (de)	9	34	Jacques (saint)	12	45
Roule (du)	1	1	Victor (saint)	12	46
Antoine (saint)	9	33	Temple (du)	5	20

DESCRIPTION
GÉOGRAPHIQUE
HISTORIQUE ET CRITIQUE
DE L'ANCIEN ET DU NOUVEAU PARIS.

Paris, situé sur la Seine qui le traverse, est le chef-lieu du département de ce nom. Il est à 95 lieues S. d'Amsterdam, 100 de Bâle, 216 de Berlin, 107 de Berne, 333 de Cagliari, 532 N. O. de Constantinople, 250 de Copenhague, 524 de Cracovie, 300 de Dantzick, 210 de Dresde, 175 de Dublin, 190 d'Edimbourg, 230 de Florence, 115 de Francfort, 186 de Gênes, 95 de Genève, 180 d'Hambourg, 75 de la Haye, 195 de Leipsick, 250 de Lisbonne, 214 de Livourne, 95 S. E. de Londres, 250 N. E. de Madrid, 160 de Milan, 600 S. E. de Moskow, 323 de Naples, 204 de Prague, 270 de Presbourg, 174 de Ratisbonne, 290 N. O. de Rome, 380 S O. de Stockholm, 500 de St.-Pétresbourg, 160 de Turin, 109 d'Utrecht, 230 de Venise, 252 N. O. de Vienne, 148 de Zurich.

SITUATION.

La ville de Paris était la capitale du royaume de France, de la ci-devant province de l'Isle-de-France et du gouvernement du même nom. Elle est aujourd'hui la capitale de l'empire français. Cette superbe ville, l'une des plus considérables du monde, mérite de fixer l'attention des étrangers et des voyageurs, par ses embellissemens, les différens gouvernemens qui s'y sont succédés, ses progrès dans les sciences et les arts, et par les changemens qui se sont opérés dans ses mœurs, etc.

Cette ville, d'une étendue très-bornée dans les commencemens, occupe aujourd'hui un si vaste espace qu'il y a peu de villes en Europe qu'on puisse lui comparer. Son étendue, sa nombreuse population, et sa position au centre de la France l'ont rendue le théâtre des plus grands événemens qu'on ait vus dans une suite de plus de dix-huit siècles : nous en parlerons plus loin.

TERRITOIRE.

Accroissement du territoire de Paris.

Le territoire de cette ville ne représentait dans l'origine qu'un petit marais.

Son étendue et sa première clôture sous Jules César, 56 ans avant Jésus-Christ,

arpens.

ne renfermaient que. 44
- 2.e clôture, en 358, sous Julien, 113
- 3.e clôture, en 1190, sous Philippe-Auguste, . . . 739
- 4.e clôture, en 1367 sous Charles V, et sous Charles VI. 1284
- 5.e clôture, en 1553, sous François I.er et Henri II, 1414
- 6.e clôture, en 1634, sous Henri IV, ... 1660
- 7.e clôture, en 1671, sous Louis XIV, ... 3228
- 8.e clôture, en 1715 et 1717, sous Louis XIV et Louis XV 3910
- 9.e clôture, en 1785 et 1788, sous Louis XVI, . . . 9910

Si le nouveau plan projeté en l'an XII (1804), sous le règne de Napoléon Bonaparte, était exécuté, l'étendue de Paris serait de 1,0719 arpens.

HISTOIRE
ET
ORIGINE DES PARISIENS.

Accroissement successif de leur territoire, etc.

Les Parisiens étaient un de ces soixante-quatre peuples qui composaient la république des Gaules, et qui ne formaient qu'une nation, quoique indépendans les uns des autres : chacun de ces peuples avait ses lois particulières, ses chefs, ses magistrats. Le peuple nommait tous les ans des députés pour composer les assemblées générales, qui se tenaient dans le principal collége des Druides, au milieu d'une forêt du Pays chartrain. On avait confié pendant long-temps les affaires civiles et politiques à un sénat de femmes choisies par les différens cantons : elles délibéraient de la paix ou de la guerre et jugeaient les différends qui survenaient entre les Vergobrets (*souverains magistrats*), ou de ville à ville. Selon Plutarque, l'un des articles du traité d'Annibal avec les Gaulois, portait :

Si quelque Gaulois a sujet de se plaindre d'un Carthaginois, il se pourvoira devant le sénat de Carthage établi en Espagne. Si quelque Carthaginois se trouve lésé par un Gaulois, l'affaire sera jugée par le conseil suprême des femmes gauloises.

Les Druides que ce tribunal mécontenta par plusieurs de ses arrêts, usèrent de tout le crédit que la religion leur donnait sur les esprits, pour le faire abolir, et ils s'emparèrent de l'autorité.

Les Gaulois, sous le gouvernement des femmes, prirent Rome, et firent trembler l'Italie. Sous le gouvernement des prêtres, ils furent toujours subjugués par les Romains.

Les Parisiens combattirent pour leur liberté avec un courage qui était l'effet du désespoir. Craignant d'être forcés dans leur île, par Labienus, ils en sortirent après y avoir mis le feu, principalement aux maisons qui étaient près de la rivière, ils rompirent les ponts et allèrent au devant de l'ennemi; mais il les trompa par une fausse marche. La bataille se donna au-dessous de Meudon; elle fut des plus sanglantes, les Parisiens la perdirent, et Camulogène qu'ils avaient choisi pour les commander y fut tué.

Depuis César jusqu'à Julien, il n'est presque pas fait mention de Lutèce. L'histoire dit que Julien cherchant un asile dans les Gaules, choisit Paris pour y faire sa demeure, et qu'il y fut proclamé *Auguste* en 360. Il est probable que ce fut du temps de ce prince qu'on bâtit le palais des thermes ou des bains, dont on voit encore quelques vestiges à la Croix de fer, rue de la Harpe. L'empereur Julien se rappelait avec plaisir le séjour qu'il avait fait dans *sa chere Lutéce*. Il parle du climat, du territoire, des vignes, et de la manière dont ses habitans élevaient des figuiers. Valentinien I.er et Gratien y firent aussi quelque séjour. Clovis, après avoir tué Alaric, roi des Visigoths, y fit sa résidence en 508. Son palais était sur la montagne, aux environs du lieu où l'on bâtit depuis le collége de Sorbonne. En 510, Clovis déclara cette ville la capitale de ses conquêtes.

Paris n'était pas plus étendu vers la fin de la seconde race que du temps de César. Il était toujours enfermé entre les deux bras de la rivière. La cathédrale au levant, le grand et le petit Châtelet au nord et au midi, et le palais du roi ou des comtes, au couchant, formaient les quatre extrémités de son enceinte.

César dit: « Lutèce, située dans une île de la Seine, est la ville des Parisiens ». — «Je passai l'hiver, dit Julien, qui régnait quatre cents ans après ce conquérant des Gaules, *dans ma chère Lutèce; elle occupe une petite île dans la Seine; on y entre par deux ponts......Paris*, dit Abbon qui écrivait neuf cents ans après César, *tient à la terre ferme par deux ponts.....; à la tête de chacun de ces ponts il y a un château au dehors de la ville*»: (c'était le grand et le petit Châtelet). Corrozet prétend que César les fit bâtir Mahingue et le commissaire de la Marre disent que Lutèce fut appelée *la ville de César*, parce que ce conquérant la fit entourer de murailles et qu'il l'embellit de nouveaux édifices.

On lit dans les *Commentaires* que César transféra l'assemblée générale de la Gaule dans la ville de Lutèce des Parisiens, *Lutetia Parisiorum*. César la nomme *Oppidum*; ce qui prouve qu'elle était déjà la capitale d'un peuple, avant que ce grand capitaine en eût fait la conquête, et qu'elle jouissait déjà d'une certaine considération. Abbon et Ptolomée nommaient cette ville *Loucototia* et *Loucotelia*, ce qui a donné lieu à diverses étymologies également fausses et fabuleuses.

Tous ceux qui ont travaillé à l'histoire de Paris, particulièrement D. Félibien, prétendent que le terrain où est à présent le centre de la ville ou le côté de la rivière au nord, était couvert d'une forêt. La tour octogone qu'on a vue long-temps au coin du cimetière des Innocents servait, dit-on, pour faire sentinelle dans cette forêt contre les bandes de voleurs et contre les Normands.

On prétend que les mots *Lutèze* et *Paris* ne sont originairement ni grecs ni latins ; ils sont gaulois ou celtiques, mais on n'en peut fixer la véritable signification. Il en est qui pensent que dans la langue celtique LUTH signifiait *riviere* : TOUEZE, *milieu* ; et Y, une *habitation* ; qu'ainsi le mot de Lutèze venait de LUTHOUEZY, *habitation au milieu de la riviere*, parce qu'en effet cette ville était bâtie dans une île au milieu de la Seine. D'autres étymologistes ont prétendu que LUT, en langage celtique, signifiait *corbeau*, et ETIA, *île*, c'est-à-dire, l'*île aux corbeaux*, parce qu'elle en était ordinairement couverte avant d'être habitée.

Saint-Foix dit, dans ses *Essais sur Paris:* « Le commerce que les parisiens faisaient par eau était très-florissant ; leur ville semble avoir eu, de temps immémorial, un navire pour symbole ; Isis y présidait à la navigation : on l'adorait même chez les Suèves sous la figure d'un vaisseau ». De-là, plusieurs étymologistes prétendirent que *Parisis* venait de deux mots grecs qui signifient *proche d'Isis*. Ce temple d'Isis si fameux, dit Sauval, qui donna le nom à tout ce pays, était desservi par un collége de prêtres qui demeuraient, comme on a assez lieu de le croire, à *Issy*, dans un château dont on voyait encore les ruines au commencement du dix-septième siècle. L'église de Saint-Vincent, depuis Saint-Germain des prés, a été bâtie sur les ruines du temple dédié à cette déesse.

Ce ne fut que sous le règne de Louis le jeune, au douzième siècle, que l'on commença à bâtir dans Champeau (*quartier des halles*), et aux environs de Sainte-Opportune, appelée auparavant l'*hermitage de Notre-Dame-des-Bois*, parce qu'il formait l'entrée de la forêt.

Entre le boulevard et la rivière au nord, depuis le terrain où est l'arsenal, jusqu'au bout des Tuileries, qu'on se représente le reste d'un bois marécageux, de petits champs, des haies, des fossés, quatre ou cinq misérables bourgs éloignés les uns des autres; quelques rues boueuses autour du grand Châtelet et de la Grève, un grand pont (le pont au change) pour arriver dans une petite île (la Cité), qui n'était habitée que par des ecclésiastiques, quelques marchands et des ouvriers; un autre pont (le petit pont) pour en sortir du côté du midi; et au-delà de ce pont et du petit Châtelet, deux ou trois cents maisons éparses sur le bord de la rivière et dans les vignes qui couvraient les environs de la montagne Sainte-Geneviève : telle était la ville de Paris sous les premiers rois de la troisième race. Douze hommes suffisaient pour la perception des impôts; il n'y avait que deux portes; et, sous Louis le gros, les droits de la porte du nord ne rapportaient que douze francs par an, qui font quatre cent huit livres d'aujourd'hui.

Les arts les plus nécessaires étaient inconnus : ainsi rien ne pouvait engager l'étranger à y venir.

Philippe-Auguste aimait les lettres, il accueillit et protégea les savans; on accourut à Paris des provinces et des pays étrangers.

On commença sous son règne en 1134

à paver les rues de Paris. Un particulier, nommé Gérard, de Poissy, voulut que son nom passât à la postérité en contribuant à cette dépense : il donna onze mille marcs d'argent : le marc valait alors trois cents deniers.

Sous saint Louis, petit-fils de Philippe-Auguste, un tiers du terrain qui fut renfermé dans l'enceinte commencée en 1190, et achevée en 1211 sous le règne de Philippe, était encore vague, ou en marais. Au nord, la rivière passait près du Louvre, moins alors étendu qu'aujourd'hui, laissant cet édifice en dehors, traversait les rues St.-Honoré et des deux-Ecus, l'emplacement de l'hôtel de Soissons, les rues Coquillière, Montmartre, Montorgueil, les rues Française, Saint-Denis, Saint-Martin, continuait le long de la rue Grenier-Saint-Lazare, traversait la rue Beaubourg, la rue Sainte-Avoye, à l'endroit où est l'hôtel de Mesme, et passant sur le terrain où étaient les Blancs-Manteaux, et ensuite entre les rues des Francs-Bourgeois et des Rosiers, allait aboutir au bord de la rivière, à travers les bâtimens de la maison professse des Jésuites et le couvent de l'*Ave Maria*.

Il y avait huit portes principales : la première, près du Louvre, au nord de la rivière ; la seconde à l'endroit où se trouve l'église de l'Oratoire; la troisième, vis-à-vis St.-Eustache, entre la rue Plâtrière et la rue du Jour; la quatrième, rue St.-Denis, appelée la Porte aux Peintres, à l'endroit où est un cul-de-sac, qui en a retenu le nom; la cinquième, rue St.-Martin, au coin de la rue Grenier-St.-Lazare; la sixième, appelée la porte Barbette, entre la rue des Francs-Bourgeois et le couvent des Blancs-Manteaux; la septième, près la maison professe des Jésuites; la huitième, au bord de la rivière, entre le port St.-Paul et le Pont-Marie.

Du côté de la rivière, au midi, l'autre moitié de cette enceinte qui commençait à la porte St.-Bernard, est à peu près tracée par les rues des Fossés-St.-Bernard, des Fossés-St.-Victor, des Fossés-St.-Michel, ou rue St.-Hyacinthe, des Fossés-Monsieur-le-Prince, des Fossés-St.-Germain, ou rue de la Comédie-Française et des Fossés-de-Nesle à présent rue Mazarine. Il y avait sept portes dans ce circuit: la porte St.-Bernard ou de la Tournelle, la porte St.-Victor, St.-Marcel, St.

St.-Jacques ; la porte Gilard, d'Enfer, ou de St.-Michel, au bout de la rue de la Harpe, là où est la fontaine ; la porte de Bussy, au bout de la rue St.-André-des-Arcs, vis-à-vis la rue Contrescarpe ; et la porte de Nesle, où est le collége des Quatre-Nations. Dans la rue des Cordeliers, à l'endroit où est la fontaine, il y eut encore une porte appelée la porte St-Germain ; et lorsque la rue Dauphine fut bâtie, on fit une porte vis-à-vis l'autre bout de la rue Contrescarpe et qu'on appela porte Dauphine.

Enceinte commencée sous Charles V, en 1367, et achevée sous Charles VI, en 1383.

Charles V ne changea rien du côté du midi, à l'enceinte formée par Philippe-Auguste ; seulement il fit creuser des fossés autour des murailles, qui étaient flanquées de distance en distance : elles ne furent abattues qu'en 1646. Nous avons dit que, du côté du nord les murailles aboutissaient entre le port St.-Paul et le Pont-Marie ; vis-à-vis la rue de l'Etoile, ce prince les fit reculer jusqu'à l'endroit où est l'Arsenal ; et les portes St.-Martin et St.-Denis furent placées où nous

les voyons, ainsi que la porte St-Antoine;
mais celle-ci ne subsiste plus. Depuis la
porte Saint-Denis, ces murs continuaient le long de la rue Neuve-Egalité,
traversaient les rues du Petit-Carreau
et Montmartre, la place des Victoires,
l'hôtel de Toulouse, le jardin du palais
du Tribunat, la rue St.-Honoré, près des
ci-dev. Quinze-Vingts, et allaient finir au
bord de la rivière, au bout de la rue St.-
Nicaise. Aux quatre extrémités de cette
enceinte, comme à celle de Philippe-
Auguste, il y avait quatre grosses tours :
la tour du *Bois*, près le Louvre; la tour
de *Nesle*, où est le collége des Quatre-
Nations; la tour de *la Tournelle*, près
l'ancienne porte St.-Bernard; et la tour de
Billy, près des ci-dev. Célestins. Elles défendaient, des deux côtés de la rivière, l'entrée
et la sortie de Paris, par de grosses chaînes
attachées d'une tour à l'autre, et qui traversaient la Seine, portées sur des bâteaux
placés de distance en distance. L'approche
de l'île St.-Louis était défendue par un
fort; on ne commença qu'en 1614 à y
bâtir des maisons, et à la joindre à une
île appelée la *petite île aux Vaches*, dont
elle avait été jusqu'alors séparée par un

canal de la rivière, à l'endroit où est aujourd'hui l'église St.-Louis. Les Pont-Marie et de la Tournelle ne furent achevés qu'en 1635.

Les rues des Petits-Champs et des Bons-Enfans aboutissaient encore en 1630 aux murailles de la ville, qui passaient comme nous l'avons marqué sur le terrain où est à présent la Place des Victoires ; ce quartier était même si retiré, qu'on y volait en plein jour, et qu'on l'appelait le quartier *Vide-Gousset*. Les bâtimens du Palais-Royal, que le cardinal fit commencer en 1619, occasionnèrent une nouvelle enceinte. La porte St.-Honoré, qui était où sont à présent les boucheries et le marché des Quinze-Vingts, fut reculée en 1631 jusqu'à l'endroit où nous l'avons vue, et, depuis cette porte jusqu'à la porte St-Denis, les nouveaux remparts qu'on fit élever, et que Louis XIV fit abattre, formaient le circuit que nous trace le boulevard. Ce nouveau côté de la ville fut bientôt couvert des rues de Cléry, du Mail, St.-Augustin, Ste.-Anne (aujourd'hui Helvétius) ; des rues Neuve-St.-Eustache et des Petits-Champs, et autres adjacentes : il y avait cependant encore des moulins sur la Butte-Saint-Roch en 1670.

La reine Anne de Bretagne, majestueuse en tout, voulut avoir une cour : les femmes, qui étaient jusqu'alors reléguées dans les châteaux, vinrent à Paris, n'en voulurent plus sortir; et les hommes les suivirent. Sous Charles IX et Henri III, l'argent devint un peu plus commun par les profanations des Calvinistes qui convertissaient en espèces les vases sacrés, les châsses et les statues des saints. Les millions que la cour d'Espagne prodigua pour soutenir la Ligue avaient aussi répandu l'aisance parmi un grand nombre de particuliers qui firent construire des maisons et ouvrir des rues. Henri IV fut le premier roi qui ait embelli Paris de places régulières, et décorées des ornemens de l'architecture.

Sous Louis XIV, Paris n'eut plus d'enceinte ; ses portes furent changées en arcs de triomphe, et ses fossés comblés et plantés d'arbres, devinrent des promenades.

On lit dans l'histoire de Paris que, sous François I.er, le total des loyers de toutes les maisons de Paris ne montait qu'à la somme de trois cent douze mille liv.

Lors de l'établissement de la religion chrétienne, Paris eut son évêque, qui devint comme le chef et le défenseur de la cité, concurremment avec le préfet des *nautes parisiens*, et connu depuis, jusqu'à l'époque de la révolution, sous le nom de *prévôt des marchands*. Ces défenseurs naturels de la ville s'opposèrent aux vexations des gouverneurs romains, et s'unirent à la république des Armoriques, qui avait ses représentans à Paris.

Le colosse de la puissance romaine commençant à s'affoiblir de toutes parts, et s'étant enfin écroulé sous son propre poids, la ville de Paris eut beaucoup à souffrir de l'irruption des barbares: les défenseurs de la cité se soumirent au chef des Français, qui y établit le siége de la nouvelle monarchie. C'est de-là que le pays particulier des Parisiens prit le nom de *France*, qui s'étendit peu à peu à toutes les autres parties des Gaules. Depuis ce temps, cette ville fut toujours la capitale des Français, malgré le partage du royaume entre les enfans des rois de la première race. La possession de Paris fut reconnue si importante, qu'après la mort de Charibert, roi de Paris, les rois de Bourgogne, d'Austrasie et de Soissons, qui partagèrent sa succession, convinrent de posséder tous trois, par *indivis*, cette capitale de la France, et qu'aucun d'eux n'y entrerait sans le consentement des deux autres, dans la crainte qu'il ne s'en fît un titre pour être regardé comme seul roi des Français.

La ville de Paris conserva cette belle prérogative jusqu'à ce qu'elle devint, sous les faibles enfans de Charlemagne, le patrimoine particulier d'un comte. Dans cet état, elle fut souvent ravagée par les Normands, qui en détruisirent tous les édifices extérieurs, et la resserrèrent dans une île de la Seine qu'ils ne purent jamais forcer, et où son évêque fit des prodiges de valeur. L'enceinte de Paris était restreinte à ce qu'on nomme encore aujourd'hui la *Cité* : d'où l'on a cru que cette ville n'avait pas étendu autrefois ses limites au-delà de l'Isle du palais : mais ce serait tomber en contradiction avec l'histoire et les monumens les plus authentiques que de partager un tel sentiment.

La puissance royale était anéantie par les usurpations des seigneurs qui forçaient les rois eux-mêmes à confirmer leurs usurpations. Cette conduite enhardit le comte, propriétaire de Paris, à porter ses vues jusque sur le trône. Cette ville, regardée comme le premier siége de la monarchie établie par Clovis, semblait lui fournir un titre pour colorer son ambition. Le comté de Paris étant alors uni au duché de France; les seigneurs, oubliant ce qu'ils devaient au sang de Charlemagne, choisirent pour suzerain celui qui réunissait ces deux qualités. Hugues Capet fixa pour toujours le sceptre dans sa maison, en réunissant le comté de Paris à la couronne; il confia le gouvernement de cette ville à des prévôts royaux, et s'occupa ainsi que ses successeurs, à l'agrandir et à l'embellir. Dès-lors Paris ne cessa plus d'être le séjour des rois et de leur cour, le lieu des assemblées ordinaires de la nation, et le siége unique de la monarchie.

On aperçoit, par cette courte exposition, que l'histoire particulière de la ville de Paris a été sans cesse subordonnée à celle de la monarchie; qu'elle était devenue la patrie commune des Français, comme Rome était celle de tous les peuples soumis à sa domination.

En 845 et en 856 Paris souffrit beaucoup des courses des Normands; en 886 et en 890 ils l'assiégèrent. Elle fut ravagée sous le règne de Louis d'outremer, et sous celui de Charles VII les Anglais s'en rendirent maîtres. Brûlée presque entièrement en 585, elle éprouva un nouvel incendie en 1034 et une grande inondation de la Seine en 1206.

L'heureuse situation de Paris en facilite les approvisionnemens. Elle est placée au milieu de la ci-dev. Isle-de-France, entre les ci-dev. provinces les plus fertiles; savoir, la Normandie, la Picardie, et les Flandres. Cinq rivières navigables, la Seine, la Marne, l'Yonne, l'Aisne et l'Oise, et plusieurs autres qui communiquent à celles-ci par les canaux de Briare, d'Orléans et celui dit *de Picardie*, lui apportent les denrées des pays les plus riches en grains et en vins. Cette abondance, nécessaire à la vie, a fait affluer à Paris une grande quantité de peuples. La résidence des rois, la proximité de la cour de Versailles, la dépendance où l'on était des ministres, le luxe, l'amour des plaisirs y avaient augmenté l'affluence, et chaque jour on en voyait reculer les limites. Cette capitale, le centre des sciences et des arts en tout genre, est située entièrement en plaine, à l'exception du quartier appelé ci-devant de l'Université et de la partie qui comprend les faubourgs St.-Jacques, St.-Marcel et St.-Victor. La plaine est environnée, au couchant, au midi et au nord, de coteaux plus ou moins éloignés qui forment la plus belle perspective. La Seine traverse cette ville de l'est au sud-est; elle la divise en deux parties à peuprès égales, l'une méridionale, et l'autre septentrionale. Indépendamment des îles que forme la rivière, dont une est inhabitée (l'île Louviers), et deux sont couvertes de maisons, l'île Notre-Dame, que l'on nomme la Cité, et l'île St-Louis, occupent le centre. C'est de cette position que se tirait la division la plus générale de Paris, en trois parties: l'une au midi, qui avait pris le nom d'*Université*; l'autre au nord, qui avait retenu le nom de *Ville*; et les îles au centre, qui formaient la *Cité*. Ces trois parties la subdivisaient en vingt quartiers pour la desserte et la facilité de la police, dont nous parlerons.

Observatoire.

L'observatoire, situé à l'extrémité la plus méridionale de Paris, près la ci-devant porte St.-Jacques, est à 20 d de longitude, le premier méridien pris de l'île de Fer, et à 48ᵈ 50′ 10″ de latitude.

Climat.

On n'est pas exposé à Paris, aux froids rigoureux qui se font sentir dans les contrées de la France plus élevées en latitude, et voisines des hautes chaînes de montagnes ; la neige et la grêle n'y sont pas bien abondantes, et on n'y éprouve pas des chaleurs excessives. Les vents n'y sont pas aussi violens que ceux que l'on éprouve dans le voisinage de la mer; mais l'élévation des maisons, l'humidité habituelle des rues, le défaut de circulation dans certains quartiers, rendent l'air stagnant et épais.

Circonférence et population.

La circonférence de Paris, à la mesurer seulement en longeant l'ancien et le nouveau boulevard, qui forment l'enceinte, est de 13,720 mètres (7048 t.), y compris 194 mètres (100 t.) pour la largeur de la Seine vis-à-vis l'Arsenal, et autant pour celle prise auprès du ci-devant Cours la Reine. Dans cette enceinte ne sont pas compris les faubourgs St.-Antoine, — du Temple, — St.-Laurent, — St.-Martin, — St.-Denis, — St.-Lazare, — Montmartre, — Poissonnière, — St.-Honoré — et du Roule. Ces dix faubourgs compris dans l'enceinte de Paris, sa circonférence est de plus de 17.516 mètres (9,000 t.), et cette circonférence étant réduite à une figure régulière et à peu près carrée, il en résulte une surface de plus de 8 084,040 mètres (4,200,000 t. carrées.) Ainsi cette ville peut avoir, dans sa plus grande longueur, 8 k. (2 l.) de circonférence, et en y comprenant tous les faubourgs 36 kil. (8 l). Paris est de figure ronde, et entouré de boulevards plantés de plusieurs rangées d'arbres, qui forment une superbe promenade. Sa population est de 546,856 individus. Les opinions ont varié sur cette population: les uns l'on portée à 1,000,000, en y comprenant les étrangers; les autres à 7 ou 800,000 individus.

On compte aujourd'hui à Paris 1106 rues (on trouve à la suite de l'article *Antiquités*, les étymologies des noms de plusieurs rues et quelques anecdotes, à leur sujet). 15 ruelles, 120 culs-de-sac, 13 enclos, 41 cours, 82 passages, 75 places, 19 ponts, 12 ports,

9 portes, tant existantes que supprimées; 29 quais, plus de 30 mille maisons, 56 barrières, 40 halles et marchés, 53 fontaines publiques, 2 pompes à vapeurs, 7 dépôts d'eau ou fontaines en dépendant, 4 pompes particulières et 2 châteaux d'eau. Au moyen de la rivière d'Ourcq qu'on travaille à faire venir à Paris, il sera encore établi plusieurs fontaines.

Dans le nombre immense des maisons, on compte plus de 550 ci-devant hôtels, dont les bâtimens sont vastes et bien distribués; beaucoup ont des jardins. Les habitans de Paris jouissent de huit promenades publiques.(Voyez *Promenades* et *hôtels*).

Les rues, culs-de-sac, quais, places et carrefours sont désignés par leurs noms gravés à tous les coins, en caractères noirs, depuis 1728; et les rues sont éclairées par plus de 4500 réverbères établis depuis 1767. Les rues les plus longues sont: 1.° la rue St.-Jacques, mais elle change plusieurs fois de nom: elle prend de la barrière St.-Jacques et va à celle St.-Martin en traversant toute la ville; elle a dans cette longueur 3,895 mètres (2,000 t.), et dans la partie qui conserve son nom, 729 mètres (376 t.) 2.° La rue du Bacq qui est longue de de 808 mèt. (216 t.); celle de Saint-Antoine, de 850 mèt. (438 t.); de Richelieu ou de la Loi, de 892 mèt. (455 t.); de l'Université, de 972 mèt. (500 t.); de Bourbon, de 1052 mèt. (542 t.); de Vaugirard, de 1137 mèt. (586 t.); de St.-Martin, aussi de 1137 mèt. (586 t.); de Sèvres, de 900 mèt. (463 t.); d'Enfer, de 1213 mèt. (624 t.); de St.-Denis, de 1264 mèt. (645 t.); du faubourg St.-Antoine, de 1462 mèt. (752 t.), et de St.-Honoré, de 1659 mèt. (853 t.). Une autre rue, qui serait alignée depuis la ci-devant porte St.-Antoine jusqu'à celle St.-Honoré, aurait la même longueur, et couperait à peu près à angles droits.

Sous Henri III, Paris était divisé en seize quartiers, qui, sous Louis XIV, en 1701, furent portés à vingt. Paris était encore divisé en 1789 en 20 quartiers; savoir, celui de la *Cité*, qui se trouve au centre, celui de *Saint-Jacques-de-la-Boucherie*, de *Sainte-Opportune*, du *Louvre* ou de *Saint-Germain-l'Auxerrois*, du *Palais-Royal*, de *Montmartre*, de *St.-Eustache*, des *Halles*, de *St.-Denis*, de *St.-Martin-des-Champs*, de *la Grève*, de *St.-Paul* ou *de la Mortellerie*, de *Sté.-Avoye* ou *de la Verrerie*, du *Temple* ou *du Marais de St.-Antoine*, de *la place Maubert*, de *St.-Benoît*, de *St.-André-des-Arcs*, du *Luxembourg*, et le quartier de *St.-Germain-des-Prés*.

Gouvernement ecclésiastique.

Le gouvernement ecclésiastique de Paris était composé d'un archevêché. St-Denis en est regardé comme le premier évêque. *Le chapitre de la cathédrale* de Notre-Dame était composé de 8 dignitaires et de 54 chanoines. Outre les chanoines des trois églises de *St.-Agnan*, de *St.-Denis du Pas*, et de *St.-Jean-le-Rond*, qui étaient situées dans le cloître, ou auprès de Notre-Dame, lesquels étaient censés de *gremio chori*, il y avait l'église collégiale de St.-Germain-l'Auxerrois, qui fut incorporée au chapitre Notre-Dame en 1744, 53 paroisses, 14 églises qui faisaient les fonctions curiales, et 12 paroisses composant la *banlieue ecclésiastique*. Il y avait encore huit églises collégiales, 17 séminaires.

Les juridictions ecclésiastiques étaient au nombre de quatre; savoir, l'officialité métropolitaine, l'officialité diocésaine, l'officialité du chapitre de Notre-Dame, et la justice du chapitre de l'église métropolitaine.

Ordres monastiques.

Les ordres monastiques formaient une classe distincte et séparée du clergé séculier. Il y avait dans Paris trois abbayes d'hommes celle de *St.-Germain-des-Prés*, ordre de saint Benoît; l'abbaye *St.-Victor*; l'abbaye *Ste.-Geneviève.*

Il y avait treize prieurés d'hommes.

On comptait plus de cinquante couvens et maisons religieuses d'hommes.

Il y avait deux commanderies considérables, qui appartenaient aux *Chevaliers de Malte* ou de *St.-Jean de Jérusalem.* Ces commanderies étaient *le Temple* et *St.-Jean de Latran.*

D'après une récapitulation générale du clergé de la ville et faubourgs de Paris, il y avait, ecclésiastiques séculiers. 3 356
Religieux et autres réguliers. . . . 2 136
Religieuses et autres régulières. . 2 988
Sœurs au service des hôpitaux, etc. 748

Total. 9,228

On comptait en 1789 près de 400 églises, qui sont en partie démolies, et sur le terrain desquelles on a construit des maisons particulières, des établissemens publics ou des salles de spectacle. La plupart des monumens précieux que renfermaient les églises détruites sont déposés au Muséum des monumens français. (*Voy.* Muséum français).

Gouvernement militaire.

Le gouvernement militaire de Paris et de l Isle-de-France était anciennement attaché à l'office du prévôt de Paris, qui prenait le titre de *capitaine de Paris*, et qui réunissait, comme les comtes ses prédécesseurs, le commandement des armées à l'administration de la justice et des finances; mais ces diverses fonctions ayant successivement passé à ses lieutenans, le gouvernement militaire de Paris et de l Isle-de-France en fut aussi retiré et désuni par François I.er, qui donna en 1528 le gouvernement de Paris au comte d'Estampes, et celui de l'Isle-de-France à François de la Tour, vicomte de Turenne. Ces deux gouvernemens furent ensuite souvent réunis et divisés; ils ne furent point rendus

POLICE.

au *prévôt de Paris*, auquel il ne restait du commandement des armées que la convocation du *ban* et de *l'arrière-ban*.

Gouverneur de Paris.

Le gouverneur de Paris, jusqu'à l'époque de 1789. avait dans les cérémonies une garde de cinquante hommes à cheval, commandés par un capitaine, un lieutenant, un cornette et douze hallebardiers suisses; il marchait, dans les *Te Deum* et les cérémonies publiques, après le premier président du parlement, etc.

Indépendamment du gouverneur général militaire de la ville, prévôté et vicomté de Paris, il y avait plusieurs *gouverneurs particuliers*, tels que ceux de la Bastille, Vincennes, l'Hotel royal des Invalides, l'Ecole royale militaire, le vieux Louvre, les Tuileries, l'Arsenal, le Luxembourg, etc.

Police.

La police appartenait anciennement au prévôt et à son siége; elle fut exercée ensuite par ses lieutenans civils et criminels.

6.*

Ce concours excitait de fréquens débats dans cette juridiction, et nuisait en même temps à l'exercice de la justice contentieuse; d'un autre côté, la multiplicité des *justices subalternes* qui subsistaient alors dans Paris, et qui prétendaient avoir toutes le droit de police dans leur enceinte ou sur leur territoire, occasionnait de fréquentes discussions, et rendoit incertain l'état des citoyens. En mars 1667, Louis XIV créa un *lieutenant général de police* de la ville, prévôté et vicomté de Paris; et par un édit de 1674, il remit au Châtelet toutes les justices seigneuriales qu'il exerçait en première instance dans Paris.

La garde pour la police de Paris était composée de cavalerie et d'infanterie; savoir, une compagnie de cent trente-deux maîtres, une compagnie d'infanterie de huit cent quatre-vingt-dix hommes, indépendamment de la compagnie du Guet, composée de soixante-onze hommes à pied.

Le régiment des gardes-françaises avait neuf casernes à Paris, il faisait des rondes pour la police militaire seulement.

Pour la police civile, outre le lieutenant général de police, on comptait vingt inspecteurs de police, quarante-huit commissaires au Châtelet, qui avaient chacun leur arrondissement, et une compagnie dite *des conseillers du roi inspecteurs de police*, au nombre de vingt; une compagnie de gardes-pompes pour remédier aux incendies; huit inspecteurs de police, chargés de la partie de l'illumination et du nettoiement de la ville et faubourgs de Paris.

Prisons et hôpitaux.

Les prisons étaient au nombre de treize principales; savoir, la Bastille, Vincennes, la Conciergerie, le Fort-l'Evêque, le grand Châtelet, le petit Châtelet, St.-Éloi, St.-Martin, l'abbaye de St.-Germain-des-Prés, Bicêtre, la maison de force de l'Hôpital général, la maison de force de Ste.-Pélagie, l'hôtel de la Force pour les prisonniers pour dettes et les *géoles particulières*.

Vingt-neuf hôpitaux, ou maisons hospitalières, et six maisons où l'on renfermait les filles de mauvaise vie.

Autorités judiciaires.

Paris avait, à l'époque de 1789, un parlement, une chambre des comptes, une cour des monnoies, une chambre souveraine du clergé, un intendant, un prévôt des marchands, quatre échevins, vingt-six conseillers de l'hôtel-de-ville, seize quartiniers ; une juridiction du Châtelet, composée d'un prévôt de Paris, d'un lieutenant civil, d'un lieutenant criminel, de quatre conseillers particuliers, de cinquante-trois conseillers au Châtelet, de onze conseillers honoraires, d'un avocat et d'un procureur du roi ; des juridictions, des bailliages du Palais, du Temple, de l'archevêché, du chapitre de Ste.-Geneviève, de St.-Jean-de-Latran, etc. etc.

La chambre établie par édit de décembre 1764, la chambre de la marée, le bailliage de la duché-pairie de l'archevêché ; les juridictions de la chancellerie, des auditeurs.

La juridiction de l'élection, composée d'un président, d'un lieutenant, d'un assesseur, de vingt conseillers, d'un avocat et d'un procureur du roi, et d'un greffier en chef.

La juridiction du grenier à sel, la juridiction consulaire.

La connétablie et maréchaussée, une maîtrise particulière des eaux et forêts de Paris, une amirauté, la Bazoche, la chancellerie du palais, le bureau des finances et chambre du domaine, etc., etc.

La récapitulation générale des officiers des divers tribunaux de justice établis à Paris, y compris les juridictions ecclésiastiques, et non compris les avocats, procureurs, était de six mille cent trente-huit individus. Le plus grand nombre des tribunaux et juridictions siégeaient au palais de justice.

Académies et colléges.

On comptait à Paris sept académies royales ; onze colléges de plein et entier exercice de la Faculté des arts.

Nous parlerons plus loin des principaux monumens de cette grande ville et des embellissemens qui ont été faits depuis plusieurs années. Nous allons donner les différentes divisions des quartiers de Paris depuis 1789.

Division et garde nationale en 1789.

A cette époque, Paris fut divisé provisoirement en soixante districts, avec soixante administrateurs élus librement. Le 15 juillet 1789, M. Bailly fut nommé maire de Paris, et le marquis de la Fayette commendant général de la milice parisienne. On nomma soixante commandans de bataillons. La garde nationale se divisait en deux corps, l'un d'infanterie, l'autre de cavalerie; l'infanterie était composée de soixante bataillons, qui portaient le nom de chacun des soixante districts; chaque bataillon était composé de cinq compagnies de cent hommes, dont une soldée. Les soixante bataillons formèrent six divisions de dix bataillons chacun, une compagnie de grenadiers et avec une compagnie de chasseurs. La cavalerie était composée de huit compagnies de cent maîtres chacune, formant quatre escadrons; chaque compagnie était commandée par un capitaine, un lieutenant et un sous-lieutenant.

Division civile et militaire de 1791.

Par la constitution de 1791, Paris fut divisé en quarante-huit sections : il était chef-lieu du département de Paris, et de district. Le département de Paris formait trois districts, celui de Paris; du Bourg-l'Égalité, ci-devant Bourg-la-Reine, et celui de Franciade, ci-devant St.-Denis. Ces trois districts étaient divisés en six arrondissemens pour les tribunaux. Chaque arrondissement avait un tribunal de première instance, et un accusateur public. Ces six tribunaux appelaient au tribunal du district de Rouen, à Rouen, et à celui du district d'Orléans, à Orléans, et, par un arrêté particulier, les six tribunaux de Paris pouvaient, conjointement avec le *tribunal* du district d'Orléans, connoître des appels des ci-devant Châtelet et des autres tribunaux de Paris. Le tribunal criminel du département de Paris était composé d'un président, d'un vice-président, de trois juges et d'un accusateur public. Les trois juges étaient choisis dans les tribunaux du district de Paris. Vingt-six citoyens choisis par le procureur-général syndic du département formaient le juré spécial de jugement des affaires relatives à la fabrication et distribution de faux assignats et de fausse monnaie ; vingt-six autres citoyens formaient le juré spécial de jugement dans les affaires relatives au faux, à la banqueroute frauduleuse, à la concussion, au péculat : deux cents autres citoyens formaient la liste du juré de jugement. Un tribunal de commerce. La garde nationale fut divisée en quarante-huit bataillons. Chaque bataillon portait le nom de sa section. Il y avait aussi deux compagnies de gendarmerie nationale qui faisaient le service près les tribunaux et qui étaient chargées de la garde des prisons ; quarante-huit juges de paix, un pour chaque section. L'administration du département était composée de quarante-huit administrateurs du district de Paris, huit administrateurs pour celui de St.-Denis, et huit pour celui de Bourg-l'Égalité.

Clergé de Paris, tribunal de cassation, et haute Cour nationale en 1791.

Le clergé de Paris était composé de l'évêque métropolitain, et de trente-deux curés

curés. C'était aussi le siége, pour toute la France, du tribunal de cassation, composé de quarante-deux juges élus dans divers départemens, d'un commissaire du pouvoir exécutif, et de deux substituts. Chaque juge avait un suppléant. Une haute cour nationale, formée des membres du tribunal de cassation et de haut-jurés, pour connoître des délits des ministres et agens principaux du pouvoir exécutif, et des crimes qui attaquaient la sûreté générale de l'état, lorsque le corps législatif avait rendu un décret d'accusation. Cette haute-cour ne pouvait s'assembler qu'à une distance de 58,386 mètres (30,000 toises) au moins du lieu où la législature tenait ses séances.

Gouvernement révolutionnaire.

Sous le règne de la convention nationale et du gouvernement révolutionnaire, jusqu'à l'époque de la mise en activité de la constitution de l'an 3, les quarante-huit sections de Paris, s'assemblaient et délibéraient. Quarante-huit comités civils, quarante-huit commissaires de police étaient chargés de la police, sous la surveillance de la commune de Paris ; et , à l'époque du gouvernement révolutionnaire, la police était faite par quarante-huit comités révolutionnaires et quarante-huit commissaires de police, sous la surveillance du comité de sûreté générale de la convention.

Division d'après la constitution de l'an 3.

Par cette constitution, la commune de Paris fut divisée en douze municipalités, ayant chacune un maire, six administrateurs, un officier de l'état civil, un commissaire du pouvoir exécutif, un secrétaire en chef et un secrétaire de l'état civil. Chaque municipalité formait quatre divisions, qui avaient chacune un tribunal de paix, un juge-de-paix, six assesseurs, un secrétaire-greffier, un huissier, un commissaire de police. L'administration centrale du département était composée de cinq administrateurs, dont l'un était président. Un tribunal civil, composé de quarante-huit juges et cinq suppléans, faisait alternativement le service aux quatre sections civiles, aux deux sections du tribunal criminel, au jury d'accusation, et celui de président, de vice-président du tribunal correctionnel, tant à Paris qu'à Franciade ou St.-Denis, et à Choisy. Un président un vice-président, un accusateur public, un substitut et huit juges, pris dans le tribunal civil, formaient le tribunal criminel, et le tribunal de commerce.

Tribunal de cassation.

Le tribunal de cassation, pour toute la république, était composé de cinquante juges, élus dans divers départemens; chacun des juges avait un suppléant Ce tribunal était renouvelé par cinquième tous les ans, et nommé par les assemblées électorales des départemens.

Pouvoir exécutif.

Le pouvoir exécutif était composé de cinq individus nommés par le corps législatif.

Division d'après la constitution de l'an 8, avec les changemens de noms.

Par cette constitution, Paris est divisé en douze arrondissemens municipaux ou mairies, et en quarante-huit divisions. Chaque arrondissement est composé de quatre divisions.

1.er arrondissement, 1re division, des *Tuileries*; 2.e des *Champs-Elysées*, y compris Chaillot; 3.e de la Place *Vendôme*, ci-devant des Piques; 4.e du *Roule*, ci-devant de la république.

2.e arrondissement, 5.e division, *Lepelletier*, ci-devant Filles-St.-Thomas et de la Bibliothèque; 6e. du *Mont-Blanc*, ci-devant Capucines St.-Louis, Grange-Batelière, Mirabeau; 7.e de la *Butte-des-Moulins*, ci-devant St.-Roch, de la Montagne; 8.e du faubourg *Montmartre*;

3.e arrondissement, 9.e division, du *Contrat-Social*, ci-devant des Postes; 10.e de *Brutus*, ci-devant de la fontaine Monmorenci, de la fontaine Molière; 11.e du *Mail*, ci-devant des Petits-Pères de la Place des Victoires, Guillaume Tell; 12.e *Poissonnière*.

4.e arrondissement 13.e division des *Gardes Françaises*, ci-devant de l'Oratoire ; 14.e des *Marchés*, ci-devant Ste.-Opportune ; 15.e du *Muséum*, ci-devant du Louvre ; 16.e de la *Halle aux blés*, ci-devant de Grenelle.

5e. arrondissement, 17.e division de *Bonne-Nouvelle*; 18.e de *Bon-Conseil*, ci-devant Mauconseil ; 19e du *Nord*, ci-dev. des Filles-Dieu, du faubourg St.-Denis ; 20.e de *Bondi*, ci-devant des Récollets.

6.e arrondissement, 21.e division, des *Lombards*, 22.e des *Gravilliers* 23.e du *Temple*, 24.e *Amis de la Patrie*, ci-devant de la Trinité, du Ponceau.

7.e arrondissement, 25.e division, de la *Réunion*, ci-devant de la rue Beaubourg, 26.e de l'*Homme-Armé*, ci-devant des Enfans-Rouges, du Marais 27.e des *Droits de l'Homme*, ci-devant du roi de Sicile, 28.e des *Arcis*.

8e. arrondissement, 29.e division, des *Quinze-Vingts*, 30.e de l'*Indivisibilité*, ci-dev. de la *Place royale*, des *Fédérés*, 31.º de *Popincourt*, 32.e de *Montreuil*.

9.e arrondissement, 33.e division, de la *Fraternité*, ci-devant de l'île St.-Louis, 4.e de la *Fidélité*, ci-devant de la maison commune, 35.ᵉ de l'*Arsenal*, 36.ᵉ de la *Cité*, ci-devant l'île Notre-Dame.

10.ᵉ arrondissement, 37.ᵉ division de l'*Unité*, ci-devant des Quatre-Nations; 38.ᵉ de la *Fontaine de Grenelle*; 39.ᵉ de l'*Ouest*, ci-devant de la Croix, du Bonnet-Rouge; 40.ᵉ des *Invalides*.

11.ᵉ arrondissement, 41.ᵉ division, des *Thermes*, ci-devant Beaurepaire, 42.ᵉ du *Luxembourg*, ci-devant de Mucius Scœvola; 43.ᵉ du *Théâtre Français*, ci-dev. des Cordeliers, des Marseillais, de Marat; 44.ᵉ du *Pont-Neuf*, ci-dev. de Henri IV, de la Révolution.

12.ᵉ arrondissement, 45.ᵉ division, des *Plantes*, ci-devant du Jardin du roi, des Sans-culottes; 46.ᵉ de l'*Observatoire*; 47.ᵉ du *Finistere*, ci-devant des Gobelins, 48.ᵉ du *Panthéon*, ci-devant de Ste.-Geneviève.

Mairies, etc.

Chaque arrondissement municipal a un maire, deux adjoints, un secrétaire, un chef de bureau de l'état civil, un juge-de-paix, un tribunal de paix, un percepteur des contributions, un receveur d'enregistrement, et un bureau de bienfaisance.

Division et organisation ecclésiastique pour tous les cultes.

Elle est composée d'une église métropolitaine, d'un archevêque, de trois grands vicaires avec un chapitre formé d'un doyen, de deux archidiacres, d'un pénitencier, de neuf chanoines, d'un aumônier, d'un secrétaire de l'archevêché, de douze paroisses et de trente succursales.

Trois *églises consistoriales*. La première, à St.-Louis du Louvre, rue St.-Thomas du Louvre (*division des Tuileries*); la deuxième, à Pantemon, rue de Grenelle, (*division de la Fontaine de Grenelle*); la troisième, à Ste.-Marie, rue St.-Antoine, (*division de l'Arsenal*).

Les *Luthériens* sont en petit nombre; ils ont des temples chez les ministres des différentes puissances où cette religion est établie, comme chez le ministre de Danemarck, rue Saint-Dominique, faubourg Saint-Germain.

Les *Juifs*. On en porte le nombre à Paris à environ dix mille : ils jouissent aujourd'hui des mêmes droits que les autres citoyens; ils ont trois synagogues : le plus grand nombre demeure dans le quartier du Temple.

Un décret impérial du mois de thermidor an 12 (1804) a rétabli les missions étrangères. Le directeur de la mission fait les fonctions curiales : les vicaires et prêtres desservans sont pris parmi les missionnaires. Il est accordé à cet établissement 15 000 fr. payables par quartier et par le trésor public.

Autorités civiles et militaires.

Un gouverneur de Paris, qui est général de la première division militaire.

L'état-major général est *rue des Capucines*, près la place Vendôme.

Préfecture et sous-préfectures divisées en trois arrondissemens du département de la Seine.

Premier arrondissement. Le préfet occupe l'hôtel de ville, (*place de Grève*). Il remplit les fonctions de sous-préfet d'administration municipale.

Un secrétaire général, *idem*.

AUTORITÉS CIVILES ET MILIT. 81

Un conseil de préfecture, composé de cinq membres, *idem.*

Un conseil général du département, de vingt-quatre membres faisant les fonctions de conseil municipal, *idem.*

Un conseil des bâtimens civils, *hôtel ci-dev. Conti, rue de Grenelle, F. St.-Germ.*

Une commission de répartition des contributions, *hôtel de ville.*

Un conseil particulier du préfet, *hôtel de ville.*

Une chambre de commerce, *idem.*

Une direction des travaux publics, *rue Saint-Florentin, n.° 670.*

Un conseil d'administration des hôpitaux, *hôtel de ville.*

Une commission des hospices, *place Notre-Dame.*

Un bureau de location des nourrices, *rue Sainte-Apolline.*

Des archives de l'état civil, *au palais de justice.*

Un receveur général et douze percepteurs des contributions.

Douze bureaux de bienfaisance.

Une direction des droits d'enregistrement, d'hypothèques, *rue Neuve-du-Luxembourg, maison des Capucines.*

Douze receveurs des droits d'enregistrement.

Une direction du domaine national *rue Neuve-du-Luxembourg. n.°* 147.

Conservateur des hypothèques, place *des Victoires, maison ci-devant des Petits-Peres.*

Conservation des forêts, *rue de Lille, faubourg St.-Germain*, n.° 552.

Un conservatoire des arts et métiers, *rue St.-Martin.*

Un conseil d'administration du Mont-de-Piété, *rue des Blancs-Manteaux.*

Régie de l'octroi municipal, *rue des Petits-Augustins, faubourg Saint-Germain.*

Un bureau principal et 40 bureaux de distribution de papier timbré.

Une sous-préfecture, 2.e arrondissement, *à Saint-Denis.*

Une sous-préfecture, 3.e arrondissement, *à Sceaux*, ci-devant *Egalité.*

Préfecture de Police.

A l'ancien hôtel du premier président du parlement de Paris, *quai des Orfevres.*

Le préfet a aussi la police des communes de Sèvres, Meudon et St.-Cloud, du département de Seine-et-Oise.

Un secrétaire général, *idem.*

Un conseil de préfecture : le même que celui de la préfecture civile.

Quarante-huit commissaires de police.

Vingt-quatre officiers de paix.

Ordre judiciaire.

Une cour d'appel, *au palais de justice.*

Une cour de justice criminelle, *idem.*

Un tribunal de première instance, *idem.*

Un tribunal de commerce, *rue Saint-Martin, cloître Saint-Méry.*

Un tribunal de police municipale, *rue St.-Avoie.*

Douze justices de paix, un pour chaque arrondissement.

Police militaire.

Un état-major de la place, *quai de Voltaire.*

Une garde municipale composée de 2150 hommes d'infanterie et d'un régiment de cavalerie.

Secours publics.

Un corps de pompiers, de 306 hommes, divisé en 41 corps-de-garde dans Paris.

Vingt-quatre dépôts d'eau pour les incendies.

Hôtel des monnoies, *près le Pont-Neuf.*

Bureau de garantie pour les matières d'or et d'argent, *rue Guénégaud, à la monnoie.*

Hospices civils.

On compte à Paris vingt-deux hôpitaux, divisés en deux classes. La première comprend les malades, et la seconde les indigens.

Les hospices des malades sont:

L'Hôtel-Dieu, ou grand hospice d'humanité, place *Notre-Dame*, pour les maladies aiguës, internes et chirurgicales, excepté le scorbut, les scrophules, la gale, la teigne, la folie, l'épilepsie et les maladies vénériennes. Il y a deux mille huit cents lits.

L'Hôpital de la Charité, *rue des Saints-Pères, faubourg Saint-Germain*, même destination

destination que l'Hôtel-Dieu. Cet hospice contient trois cents lits : il y a une clinique interne pour les cas extraordinaires et pour l'instruction des élèves. Marie de Medicis, fit construire en 1602, cette maison qui était desservie par les frères *dits* de la Charité, de l'ordre de *Saint-Jean-de-Dieu*. Il y avait parmi eux des médecins et des chirurgiens célèbres. Le frère Côme, l'un d'eux, avait perfectionné les instrumens pour extraire la pierre. La médecine et la chirurgie s'exercent dans cette maison avec beaucoup de succès.

Hôpital du faubourg St.-Antoine, *à l'ancienne abbaye des religieuses de St.-Antoine :* deux cent cinquante lits ; même destination que l'Hôtel-Dieu.

Hôpital Beaujon, *rue du faubourg du Roule.* On y compte cent soixante-dix-lits : même destination que l'Hôtel-Dieu. Cet hospice est une maison de luxe ; il a été fondé par le financier Beaujon, pour douze orphelins.

Hôpital Necker, *rue de Sèves près les petits boulevards :* cent quatre-vingt lits. Cette maison a été fondée par madame Necker : même destination que l'Hôtel-Dieu.

Tome I. 8

Hôpital Cochin, *rue du faub. St.-Jacques*, même destination que l'Hôtel-Dieu.

Hôpital des vénériens, *rue du faubourg, St.-Jacques*: quatre cent cinquante lits : on y admet les deux sexes.

Hôpital des enfans malades, *rue de Sèves près les petits boulevards* pour des enfans abandonnés.

Hôpital Saint-Louis, *rue de Bondy*. Henri IV fonda en 1607 sept cent lits. Il est consacré à la guérison des maladies chroniques, ulcères, scrophules, dartres, teignes, et galles compliqués.

Maison de santé, *rue du faubourg St.-Martin*: cent cinquante lits. Les malades y paient un franc 50 centimes, deux francs et trois francs.

Hospices des indigens, vieillards et infirmes.

Hospice de la Maternité, composé de deux maisons, l'une *rue de la Bourbe* pour les *enfans-trouvés*, destinée à la réception, à l'allaitement et au placement à la campagne des enfans abandonnés. L'autre maison, *rue d'Enfer*, est pour l'accouchement.

Hospice de la Salpétrière, *sur le petit bou-*

levard près le jardin des plantes. On faisait anciennement du salpêtre dans cette maison, c'est de-là quelle a pris son nom. Elle a été fondée en 1646 par Louis XIV. Cette maison renfermait il y a quatre ans, près de huit mille femmes infirmes ou agées de soixante-dix ans, et des folles. Les étrangers peuvent visiter cette maison les dimanches et les jeudis.

Hospice de Bicêtre, à 2 k. (1/2 l.) de Paris, *barrière du petit boulevard*, destiné à recevoir les hommes indigens infirmes ou agés de soixante-dix-ans; on y reçoit en outre des foux. (*Voyez* prisons de Bicêtre).

Hospices des incurables *faubourg St.-Germain, rue de Seves*, pour les femmes indigentes, attaquées d'infirmités graves et incurables.

Hospice des incurables, *faubourg St.-Martin* Cette maison est consacrée à la réception des hommes indigens, attaqués d'infirmités graves et incurables.

Hospice des ménages, *rue de Seves*, ci-devant hôpital des ménages des Petites-Maisons, destiné aux époux indigens en ménage, dont l'un doit être au moins âgé de soixante-dix ans, et l'autre au moins soixante ans.

Maison de retraite, à *Montrouge*; deux cent lits pour des vieillards des deux sexes, âgés et infirmes : pension de 250 f.

Hospice des Orphelins, *rue St.-Victor, ci-devant de la Pitié*, pour des orphelins de père et de mère, depuis l'âge de quatre ans jusqu'à douze.

Hospice des orphelins, *rue du faubourg St.-Antoine* : même destination.

Hospice de vaccination gratuite, *rue du Battoir, quartier St.-André-des-Arcs*.

Hôpital des fous, *à Charenton, au-delà de Conflans*, en remontant la Seine. On y traite les hommes nouvellement atteints de folie. Ils y restent jusqu'à ce que leur maladie soit jugée incurable: alors on les transfère à Bicêtre.

Maison nationale de Scipion, *faubourg St.-Marceau*: vaste maison qui sert de boulangerie aux principaux hôpit. de Paris.

Maison de retraite à Chaillot, administrée par une réunion de personnes fortunées. Avec une certaine somme une fois donnée, on y est nourri, vêtu et logé. Toute personne bienfaisante peut y acheter une place pour un vieillard qui y est entretenu le reste de ses jours, en santé comme en maladie.

Maison de santé à Passy près Paris établie pour des particuliers. Sa réputation est méritée, tant par les soins qu'on y a des malades, que par la bonne médecine qu'on leur administre.

Société Philanthropique. Cette société a formé une caisse pour donner des secours à des indigens honteux.

Mont-de-piété. Établi depuis 1777, au profit des pauvres, *rue des Blancs-Manteaux et de Paradis, au Marais*, et division supplémentaire, rue Vivienne n.° 45.

Hospice des aveugles, *faubourg St.-Antoine*, jadis rue St.-Honoré : l'hospice des Aveugles, dit des *Quinze-Vingts*. Cet hospice a été fondé par saint Louis, en 1260, pour quinze vingt pauvres aveugles (300) : on y reçoit aujourd'hui 800 pauvres aveugles et autres; il se compose encore actuellement de quatre cent vingt aveugles, dont trois cents *dits* de première classe, et cent vingt *dits* de seconde classe, ou jeunes aveugles. Il est administré par un conseil gratuit et honoraire composé de cinq personnes, sous la surveillance du ministre de l'intérieur. Les aveugles travailleurs, ci-devant rue St.-Denis, sont réunis à cet hospice depuis le 28 pluviose an 9 (18 février 1801). Pour être admis dans cet hospice, il faut être dans un état de cécité absolue et d'indigence constatée. Tout aveugle reçu est logé, nourri, habillé, chauffé, et reçoit en outre, s'il est de la première classe, une rétribution de 33 centimes par jour, et, s'il est de la seconde classe, l'entretien en entier et l'instruction dont il peut être susceptible. Des maîtres et des répétiteurs sont institués et payés par le gouvernement pour diriger et suivre cette instruction. Il a été établi dans cet hospice différens travaux, et notamment une fabrique de draps et une de tabacs, où les aveugles qui veulent travailler acquièrent par leur industrie une augmentation de traitement, et où leurs femmes trouvent un métier lucratif, et leurs enfans un apprentissage et des secours.

M. Lorry, un des premiers médecins de la cour sous le règne de Louis XV, disait quelquefois aux gens du monde : « Vous » ne savez pas combien il nous en coûte » pour vous devenir utiles, et dans *quelles*

« sources amères nous puisons les connois-
» sances dont vous usez si nonchalem-
» ment ».

On sait que c'est dans les hôpitaux que se forment les médecins et les chirurgiens.

Hôpitaux militaires.

Val-de-Grace, *rue St.-Jacques*: hôpital militaire. (*Voyez* Val-de-Grace).

Hôpital militaire *du gros caillou* : ancienne caserne des gardes françaises : cet hospice est pour la garde du gouvernement.

Prisons.

Le Temple, *rue du Temple*, depuis la destruction de la Bastille, est une prison d'état. C'est dans cette tour, que Louis XVI, avec sa famille, fut renfermé, le 13 août 1792 ; c'est dans cette prison que le dauphin, fils de Louis XVI, est mort quelque mois après son père. C'est aussi de ce lieu que la fille de ce prince est partie pour Vienne, en échange des prisonniers *Camus, Quinette, Bancal, Lamarque* et *Drouet*, députés de la convention nationale.

C'est dans la tour du Temple que tous les gouvernans qui se sont succédés, ont fait renfermer les prisonniers d'état. En dernier lieu, le général Moreau, Georges et autres y restèrent renfermés jusqu'à leur translation à la conciergerie.

Le Temple autrefois le chef-lieu de l'ordre des Templiers a été bâti par frère Hubert en 1200. Le 22 mars 1324, cet ordre fut détruit par un décret du conseil de Vienne. Le roi Philippe le Bel et le pape Clément V, à l'aide d'un dominicain, firent massacrer et brûler une partie des chevaliers de cet ordre : on les accusa de magie. Les chevaliers de St.-Jean de Jérusalem furent mis en possession de tous les biens des Templiers. La maison du Temple devint alors la maison provinciale du grand prieuré de France. Le terrain qu'elle occupe est entouré de hautes murailles. Le corps-de-logis qui est au fond de la cour a été bâti par Jacques Souvré, grand prieur de France ; une partie du terrain de cet enclos est habitée par des marchands et artisans. Jusqu'à l'époque de 1789, tous ceux qui étaient poursuivis pour dettes s'y refugiaient. La grosse tour, flanquée de quatre tourelles, a été bâtie par frère Hubert, qui mourut en 1212. Cette forteresse est regardée comme un des plus solides bâtimens.

Prison de l'abbaye, *rue Ste.-Marguerite, faubourg St.-Germain*. Cette prison a été de tout temps destinée aux militaires. On y renferme aussi les individus qui doivent être jugés par les conseils de guerre ou par les commissions militaires.

Conciergerie. Prison au palais de justice, pour les accusés qui sont en jugement de la cour de justice criminelle.

Grande force, *rue des droits de l'homme, quartier St.-Antoine*. Pour la détention des hommes prévenus de délits. Cette prison est très-spacieuse et bien aérée ; on y enferme encore les filles publiques, qui doivent être traduites au tribunal de la police correctionnelle. C'était jadis un Palais, appartenant à un duc de la Force qui lui a donné son nom. Sous le règne de Louis XVI, c'était un lieu de détention pour dettes; mais depuis la destruction du grand et du petit Châtelet, elle a été réservée pour les délits criminels.

Sainte-Pélagie, *rue de la Clef, proche le Jardin des plantes*. Cette maison fut fondée par une dame Beauharnais de Miramion, la même qui fonda les filles Miramionnes. C'était jadis un monastère où l'on renfermait les femmes de mauvaises mœurs. Elle sert aujourd'hui à recevoir les hommes mis à la disposition des subtituts, magistrats de sureté, et les détenus pour dettes.

Saint-Lazare, *faubourg Saint-Denis*, jadis hopital des lépreux. En 1632, c'était le chef-lieu d'où St.-François de Paule propagea ses touchantes institutions. Sous les derniers temps de la monarchie, elle servait de maison de correction pour les jeunes gens. Beaumarchais et plusieurs autres écrivains y furent renfermés: aujourd hui c'est une maison de détention pour les filles publiques condamnées à la gêne, où, sous la conduite d'une ancienne religieuse, ces filles sont employées à divers travaux de leur sexe. La couture et la broderie en linge y sont portées au plus haut degré de perfection. Cette maison reçoit aussi les femmes condamnées à la mort pendant le délai de leur recours en cassation.

Les Madelonnettes, *rue des Fontaines*, maison de détention pour les femmes prévenues de délits, et pour recevoir celles condamnées correctionnellement: on les occupe à la couture et à filer du coton.

Montaigu, *rue des Amandiers*, quar-

tier du Panthéon. C'était, à l'époque de la révolution, un collége ; c'est aujourd'hui une maison pour la discipline militaire.

Dépôt de la préfecture de police, à *la préfecture.* C'est là que l'on conduit provisoirement tous ceux qu'on arrête par ordre de la police.

Bicêtre, pour les condamnés à mort, pendant le délai de leur recours en cassation ; les condamnés à la gêne et à la détention. Bicêtre est un ancien château, sur une hauteur, à 2 kil. (1/2 l.) de Paris. Il fut bâti en 1400 par *Jean*, duc de Berri, frère de Charles V ; et c'était alors un des plus beaux châteaux de plaisance qu'il y eut en France. Ayant été pillé et détruit dans les troubles sous Charles VI, Louis XIII le fit rétablir, et le destina à un hôpital pour les soldats invalides ; mais, sous Louis XIV, cet hôpital devint une maison de correction et le séjour des pauvres valides. Le puits de cette maison mérite l'attention des curieux.

Bastille, ancienne prison d'état, *faubourg St.-Antoine.* La Bastille a été prise par les Parisiens et le régiment des Gardes-Françaises, le 14 juillet 1789, et de suite démolie. Ce fut Auguste Aubriot, prévôt des marchands, qui posa la première pierre de cette ancienne forteresse, en 1301, sous Charles V, pour défendre Paris, du côté du *faubourg St.-Antoine*, des courses des Anglais. Cette forteresse ne servait plus depuis long-temps qu'à renfermer les prisonniers d'état : elle consistait en une courtine flanquée de huit grosses tours, et d'un bastion qui regardait le faubourg St-Antoine. Pendant le cours de la révolution on a célébré sur le terrain de la Bastille plusieurs fêtes à la Liberté : on y avait commencé un monument en mémoire de la prise de cette forteresse. Le terrain sert aujourd'hui de chantier à plusieurs marchands de bois.

Barrières.

La ville de Paris est entourée de murs, et les cinquante-six barrières par lesquelles on y entre, et dont la construction de quelques-unes n'est pas encore achevée, forment presque toutes des monumens qui annoncent l'entrée d'une grande ville. Quelques années avant la révolution, les fermiers généraux firent élever ces murs et construire ces barrières. Ils avaient
obtenu

obtenu du roi, moyennant plusieurs millions, de reculer les limites de Paris : par ce moyen, une grande partie des faubourgs se trouve dans Paris. D'après la nouvelle division de Paris, les barrières sont situées dans l'ordre suivant :

Division des Champs-Élysées.

1.re Barrière, dite de *Versailles*, ou des Bons-Hommes, ou de Passy, au bout du quai de Chaillot.

2.e *idem*, *Ste.-Marie*, au bout de la rue des Batailles, à Chaillot.

3.e *idem*, de *Longchamp*, au bout de la rue de Longchamp, à Chaillot.

4.e *idem*, de *la Pompe*, ou des Réservoirs, à Chaillot.

5.e *idem*, de *l'Etoile*, ou de Neuilly, au bout de la grande avenue des Champs-Elysées.

Division du Roule.

6.e Barrière, du *Roule*, au bout de la rue du faubourg du Roule, par moitié, division des Champs-Élysées et du Roule.

7.e *idem*, de *Courcelle*, au bout de la rue de Mantoue, près de Mousseaux.

Tome I.

8.e *idem*, de *Chartres*, dans le parc de Moussoaux.

9.e *idem* de *Mousseaux*, ou de la Pologne, au bout de la rue du Rocher.

Division du Mont-Blanc.

10.e Barrière, de *Clichy*, au bout de la rue de ce nom, par moitié, division du Roule et du Mont-Blanc.

11.e *idem*, *Blanche*, au bout de la rue Blanche.

12.e *idem* ci-devant *Royale*, au bout des rues Pigale et de la Rochefoucauld.

Division du Faubourg Montmartre.

13.e Barrière, des *Martyrs*, ou de Montmartre, au bout de la rue des Martyrs, par moitié, division du Mont-Blanc et du faubourg Montmartre.

14.e *idem*, *Cadet*, ou Rochechouart, au bout de la rue Rochechouart.

Division Poissonnière.

15.e Barrière *Poissonnière*, ou Ste.-Anne, ou de la Nouvelle-France, au bout du faubourg Poissonnière, par moitié, division des faubourgs Montmartre et Poissonnière.

16.e *idem*, *St.-Denis*, au bout du faubourg St.-Denis.

Division du Nord.

17.º Barrière, des *Vertus*, au bout de la rue Château-Landon, sur le chemin d'Aubervilliers.

18.e *idem*, *St.-Martin*, ou de la Villette, au bout du faubourg St.-Martin, route du Bourget, par moitié, division du Nord et de Bondi.

Division de Bondi.

19.e Barrière, de *Pantin*, sur le chemin de Bondi.

20.e *idem*, de *l'Hôpital St.-Louis*, au bout de la rue de ce nom.

21.e *idem*, de la *Chopinette*, au bout de la rue du Buisson-St.-Louis, sur le chemin de la Chopinette.

22.e *idem*, des *Deux-Moulins*, ou de Riom, au bout de la rue des Deux-Moulins.

Division du Temple.

23.e Barrière, de *Belleville*, ou de la Courtille, au bout de la rue du faubourg du Temple, sur le chemin des Prés-St.-Gervais, par moitié, division de Bondi et du Temple.

24.e *idem*, des *Trois-Couronnes*, au bout de la rue de ce nom.

25.e *idem*, de *Ménilmontant*, au bout de la rue de la Roulette, chemin de Ménilmontant, par moitié, division du Temple et de Popincourt.

Division de Popincourt.

26.e Barrière, des *Amandiers*, au bout de la rue de ce nom.

27.e *idem*, de la *Folie Regnault*, ou St.-André, au bout de la rue St.-André, faubourg de la Roquette.

28.e *idem*, des *Rats*, au bout de la rue des Rats, ou de l'Air.

Division de Montreuil.

29.e Barrière, de *Charonne*, ou de Fontarabie, au bout de la rue de Charonne, par moitié, division de Popincourt et de Montreuil.

30.e *idem*, de *Montreuil*, au bout de la rue de ce nom.

31.e *idem*, de *Vincennes*, ci-devant du Trône, au bout de la grande rue du faubourg-St-Antoine, par moitié, division de Montreuil et des Quinze-Vingts.

Division des Quinze-Vingts.

32.e Barrière, de *St.-Mandé*, au milieu de l'avenue de ce nom.

33.e *idem*, de *Picpus*, au bout de la rue de ce nom.

34.e *idem*, de *Reuilly*, au bout de la grande rue de ce nom.

35.e *idem*, de *Charenton*, au bout de la grande rue de ce nom.

36.e *idem*, de *Bercy*, ou des poules, au milieu de la rue de Bercy.

37.e *idem*, de la *Râpée*, sur le bord de l'eau.

MIDI. *Division du Finistère.*

38.e Barrière, de la *Garre*, sur le bord de l'eau, au bout du quai de l'Hôpital.

39.e *idem*, de l'*Hôpital*, ou des Deux-Moulins, donnant dans la plaine de l'hôpital.

40.e *idem*, d'*Ivry*, au bout de la rue du Petit-Banquier.

41.e *idem*, de *Marengo*, de Fontainebleau, ou des Gobelins, route de Fontainebleau.

42.e *idem* de *Croulebarde*, donnant sur le chemin du moulin de Croulebarde.

43.e *idem*, de la *Glacière*, sur le boulevard de ce nom, au bout de la rue de la Glacière.

44.e *idem*, de la *Santé*, ou de l'Oursine, ou de Gentilly, au bout de la rue de l'Oursine, par moitié, division du Finistère et de l'Observatoire.

Division de l'Observatoire.

45.e Barrière, de la *Fosse-aux-Lions*, boulevard St.-Jacques.

46.e *idem*, *St.-Jacques*, ou de l'Observatoire, au bout du faubourg St.-Jacques, chemin de Mont-Rouge.

47.e *idem*, d'*Enfer*, au bout de la rue de ce nom, route d'Orléans.

BARRIÈRES.

Division du Luxembourg.

48.e *idem*, du *Mont-Parnasse*, au bout de la rue de ce nom, donnant dans les champs.

49.e *idem*, du *Maine*, au bout de la chaussée de ce nom, route du Maine.

50.e *idem*, des *Fourneaux*, ou de la voirie, au bout de la rue des Fourneaux.

51.e *idem* de *Vaugirard*, au bout de la rue du même nom, par moitié, division du Luxembourg et de l'Ouest.

Division de l'Ouest.

52.e Barrière, de *Sèvres*, au bout de la rue de ce nom, par moitié, division de l'Ouest et des Invalides.

Division des Invalides.

53.e Barrière, des *Paillassons*, conduisant à l'École-Militaire.

54.e *idem*, de l'*École Militaire*, au bout de l'avenue des Invalides.

55.e *idem*, de *Grenelle*, ou des Ministres, entre l'École Militaire et le Champ-de-Mars.

56.ᵉ *idem*, de la *Cunette*, au bord de l'eau, en face de Passy.

Le 13 juillet 1789, on incendia les barrières dont la construction était en bois. Le 5 mai 1791, un décret a supprimé les barrières et les droits d'entrée. Ils ont été rétablis.

Quais.

Les plus beaux quais sont ceux du Louvre, des Tuileries, de la Monnoie, des Quatre-Nations, — Malaquai, — de Voltaire (ci-devant des Théatins), — de Bonaparte (ci-devant d'Orsay), — et le quai de l'École.

Ces quais bordent la rivière depuis le Pont-Neuf jusqu'au pont de la Concorde et la place du même nom (ci-devant place Louis XV)

Le quai de la Mégisserie ou de la Ferraille, ainsi nommé à cause de la ferraille qu'on y vend, est aussi renommé pour la vente des fleurs, des plantes et des oiseaux.

Le quai des Orfèvres où se trouvent les plus grands magasins d'orfèvrerie.

Le quai des Augustins ou de la Vallée, parce qu'on y vend la volaille.

Le quai de Gèvres. Il n'y passait, jusqu'en 1787, que des gens à pied ; il était couvert et bordé de boutiques des deux côtés : on a construit un quai découvert avec parapets et trottoirs.

Le quai Pelletier. Il a pris son nom du prévôt des marchands qui le fit construire en 1755, par Pierre Bullet ; il commence au pont Notre-Dame, et finit à la place de Grève.

Le quai Dessaix ; des Balcons ou de la liberté, celui de St.-Bernard. — des Bons-Hommes. — des Célestins, faisant suite à celui St.-Paul. — de Chaillot, — de l'Égalité, ci-devant d'Orléans ; — le quai de l'Évêque, le long du Cours-Égalité, ci-devant Cours-la-Reine ; — le quai de la Grève ; — le quai de l'Horloge, ou du Nord, ou des Morfondus, où se trouvent réunis beaucoup de fabricans d'optique et d'instrumens de mathématiques ; — le quai du Marché-Neuf, — des Ormes, — Saint-Paul, — de la République, ci-devant Bourbon ; — de la Tournelle, et le quai de l'Union, ci-devant d'Anjou.

Ports.

Les douze ports sont : le port au Blé,

quai de la Grève ; — le port au Foin , quai de la Tournelle ; — le port aux Fruits. *idem*; — le port de la Grenouillière, — et le port de l'Hôpital. — le port Saint - Nicolas. — le port St. - Paul, — le port aux pierres. — le port au plâtre, — le port aux tuiles, — le port au vin. quai St.-Bernard, — et le port de la Tournelle.

Places.

Paris a soixante-quinze places, qui sont: la place d'Angoulême, — de la porte St.-Antoine, — de l'Apport-Paris, — d'Ariane, — du Puits d'Amour, — de la Truanderie, — de l'Arsenal, — du palais de Justice (ci-devant Bernabites), — de la Liberté (ci-devant de la Bastille), — Baudoyer, ou port Baudet, — de Cambrai, — de Beauveau, — de St.-Benoît cloître St.-Benoît, — St.-Bernard, ci-devant porte St.-Bernard, — de la butte St-Roch, ou carrefour des Quatre Cheminées. — Cadet. — du Carrousel, ou de la Réunion, — des Chats, — de Sorbonne. — du Chevalier du Guet. — de la Cité (ci-devant parvis Notre-Dame), de la Concorde (ci-devant Louis XV),

— de la Monnoie (ci-devant Conti), — du Coq, ou de la Liberté, — du Corps Législatif (ci-devant du palais Bourbon), — de la Croix de l'Hostie, ou du champ des Capucins, — de la Croix Rouge, — Dessaix (ci-devant Dauphine, ou Thionville), — de l'Ecole de Médecine (ci-dev. des Cordeliers), — du Théâtre Français, ou de l'Odéon, — du Tribunat (ci-devant du Palais-Royal, ou de l'Égalité), — de l'Égalité, enclos St.-Martin, — de l'Estrapade, — de St.-Etienne-du-Mont, — de St.-Eustache, — de St.-Florentin, ou de l'Orangerie, — de Fourcy, — de Froidmanteau, ou du Muséum, — de Gastine, — de Ste.-Geneviève, ou du Panthéon, — de St.-Germain-l'Auxerrois, — de Gloriettes, — de Grenelle, — de la Grève, ou de l'hotel-de ville, — des Vosges, ou de l'Indivisibilité (ci-devant place Royale). — des Innocens. — des Italiens, — des Jacobins, rue St.-Dominique, — des Jacobins, faubourg St.-Jacques, — de la Boucherie, — de St. Jean-en-Grève, — de Jehan, — de Bonne-Fille, — de St.-Landry, — du Légat, — du Louvre, ou du Muséum. — de la Nouvelle Madeleine, — du Mail, — du Manége, — de Ste.-Marguerite, — Maubert, — St.-Michel, — des Thermes, — de Ste.-Opportune, — du Pilori, — du pont St.-Michel, — du ci-devant pont Rouge, — de St.-Sulpice, — du Temple, — des Ursins, — des Vannes, — aux Veaux, — de Vendôme, — et des Victoires. (*Voyez*, plus bas, la description des principales places).

Porte St.-Denis.

La *porte St.-Denis*, l'un des plus beaux monumens de Paris, est située au haut de la rue de ce ce nom, à la séparation du faubourg St.-Denis. La ville de Paris voulut consacrer par ce monument, élevé sur les ruines de l'ancienne porte de même nom, le fameux passage du Rhin, la prise de quarante villes fortifiées, et trois provinces réduites au pouvoir de Louis XIV, dans l'espace de deux mois. Cet arc de triomphe, construit sur les dessins du savant Blondel par Bullet, a 23 mèt. 1/3 (72 pieds) de face, et autant de hauteur. Le dessus, qui a 8 met. 1/3 (26 pieds) de hauteur, est découvert comme les anciens arcs de triomphe. L'ouverture qui forme la principale porte, est de 4 mèt. (24 pieds). De chaque côté

Tom. I.

108.

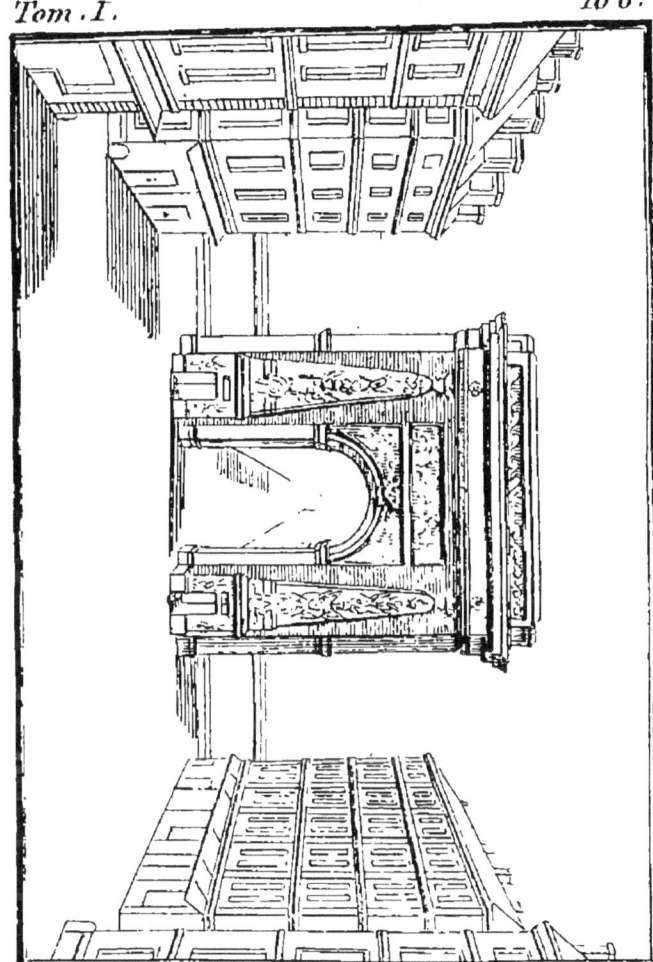

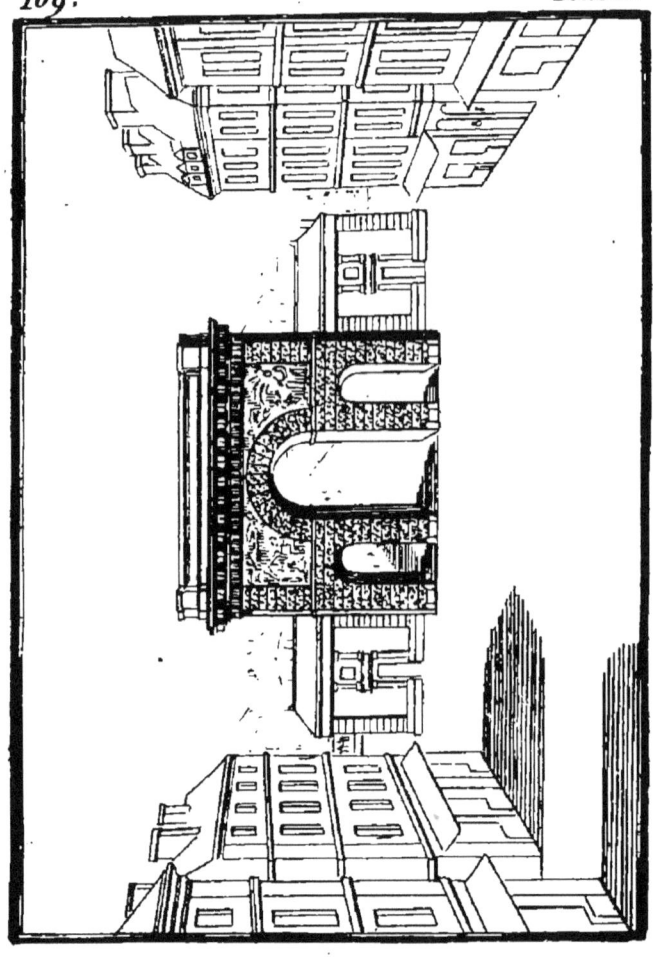

Porte St. Martin.

côté sont des pyramides de trophées d'armes, posées sur des piédestaux percés dans leurs dez, chacun d'une porte de 3 mèt. (9 pieds) de large, pour faciliter le passage des personnes à pied. Le bas-relief, du coté de la ville, représente le passage du Rhin, à Tholey; et celui du côté du faubourg, la prise de Maëstricht, etc. Ces sculptures ont été exécutées par Girardon et Michel Anguier. En 1793, on a effacé l'inscription des deux côtés, en gros caractères de bronze doré, *Ludovico magno*, etc. C'était par cette porte que les rois de France faisaient leur entrée.

Porte St.-Martin.

La *porte St.-Martin*, située au bout de la rue de ce nom, sépare la ville d'avec le faubourg St.-Martin. Elle fut bâtie en 1614, en forme d'arc de triomple, et détruite sous le règne de Louis XIV pour y élever celle qui subsiste depuis 1674, sur les dessins de Blondel, exécutée par Pierre Bullet, architecte. Elle est percée de trois ouvertures, et ornée de quatre bas-reliefs. Les deux premiers représentent la prise de Besançon et la triple alliance; les deux autres exposent la prise de Limbourg et la défaite des Allemands, représentés sous la figure d'un aigle repoussé par le dieu de la guerre. Ces ouvrages sont de Dujardin, Marsy, le Hongre, et Legros, père. Tout le corps d'architecture a 17 mètres 1/2 (24 pieds) de haut et autant de large. On lisait des deux côtés, *Ludovico magno*, etc.

Portes démolies.

On a démoli, avant la révolution, les portes *St.-Bernard*, — *St.-Antoine*. — *St-. Honoré* et la *porte de la Conférence*. La porte *St.-Bernard*, située au bout du quai St.-Bernard, ci-devant de la Tournelle, fut élevée à la gloire de Louis XIV, dit *le Grand*, qui supprima en 1670 une légère imposition sur les marchandises et les denrées de première nécessité qui entraient par cette porte. La ville voulut éterniser ce bienfait par ce monument public. Le célèbre Blondel fut chargé de la composition de cet ouvrage, et Jean-Baptiste Tubi de l'exécution des sculptures. Ce monument avait 19 mèt. (10 t.) de hauteur, sur 16 mèt. (8 t.) de largeur. Les pieds droits, entre les arcs, portaient de grandes figures accompagnées d'ornemens symboliques, pour faire connoître que le port voisin était le plus grand abord des marchandises qui arrivent à Paris. Les cintres des deux portiques étaient couronnés d'un entablement représentant, du côté de la ville, Louis XIV répandant l'abondance sur ses sujets, avec une inscription régnant sur la corniche :

Ludovico Magno,

Abundantia parta

Præf. et Ædil. Poni.

C C.

Anno R. S. H. M. DC. LXXIV.

La *porte St.-Antoine* était un monument élevé à la gloire des rois ; elle avait été rebâtie sous le règne de Henri II pour servir d'arc de triomphe à la mémoire de ce prince. On voit encore à la maison de Beaumarchais, des restes de l'ancienne sculpture de cette porte, qui fut faite par Jean Goujon et Germain Pilon. Cette porte fut ensuite consacrée à représenter l'alliance de la France avec l'Espagne, et les avantages de la paix des Pyrénées, dont le mariage de Louis XIV avec Marie-Thérèse avait été le gage.

La *porte St.-Honoré* était située à l'extrémité de la rue St.-Honoré: elle consistait en un gros pavillon couvert d'ardoises.

La *porte de la Conférence* terminait le quai des Tuileries, et était du côté du mur des jardins de ce palais : elle fut d'abord construite sous le règne de François I.er; et depuis cette époque elle se nomma la *Porte-Neuve*, jusqu'à ce qu'elle eût été rétablie en 1659, pendant les conférences de la paix des Pyrénées, d'où elle prit le nom de *porte de la Conférence*.

Ponts.

Il y a dix-huit ponts : voici les principaux : le *Pont-Neuf*, le plus grand, le plus beau, le mieux décoré et le plus passager de tous ceux qui sont à Paris, et peut-être en Europe, est placé si heureusement vers le centre de cette ville, et à la pointe de l'île du Palais, qu'il fait seul la communication et les débouchés de cette superbe capitale. Ce fut Henri III

Tom. I.   112.

Pont Neuf.

qui en posa la première pierre le 30 mai 1578, le jour même qu'il assista à la pompe funèbre de Quelus et de Maugiron, ses plus chers favoris; ce qui fit dire aux plaisans que ce nouveau pont serait sans doute appelé le *Pont des pleurs*. Les piles du côté du quai des Augustins furent élevées jusqu'à la naissance des arches. On commençait à jeter les fondemens des piles du côté opposé lorsque les troubles de la ligue et les guerres civiles forcèrent l'architecte Ducerceau à se retirer dans les pays étrangers, où il mourut. L'ouvrage, discontinué, ne fut repris que lorsque Henri IV, après avoir forcé les Parisiens à le recevoir, voulut faire regretter par ses bienfaits de l'avoir si long-temps méconnu. Il supprima l'impôt établi pour la construction du nouveau pont, et le fit continuer à ses dépens, sous la direction de Guillaume Marchand. Il ne fut achevé qu'en 1694. Pour le bâtir, on joignit l'une à l'autre deux petites îles situées au couchant de la *Cité*, et qui jusqu'alors en avaient été séparées par un bras de la rivière à l'endroit où est à présent la rue du Harlai. C'est sur ces deux petite iles que l'on commença à bâtir, en 1608, la place Dauphine. La plus grande de ces îles s'appelait *l'île aux Treilles*, et l'autre *l'île de Buci* ou du *pasteur aux vaches*. En 1160, Louis le jeune fit don au chapelain de la chapelle St.-Nicolas du palais, de six muids de vin par an, du crû de *l'île aux Treilles*. Ce pont est formé de douze arches; il a 311 mèt. (170 t.) de longueur, 18 mèt. (9 t.) de large, partagé en trois : le milieu, pour les voitures, a 10 mèt. (5 t.); les trottoirs destinés aux gens de pied sont élevés de 3 décimèt. (1 pied), et ont ensemble 8 mèt. (4 t.). De chaque côté, règne un accoudoir ou garde-fou, d'un m. (3 pieds 1/2), de hauteur avec des demi-lunes saillantes sur les piles. Quelque temps avant la révolution, on a construit en pierre de taille vingt boutiques de forme semi-circulaire. L'emplacement de ces boutiques était occupé auparavant par des échoppes portatives, qui appartenaient aux valets-de-pied du roi. Après la mort de Henri IV, Marie de Médicis, sa veuve, et régente du royaume, voulut donner un témoignage public de la douleur qu'elle ressentait de la perte de son époux, et élever un monument qui parût l'ouvrage de l'amour conjugal. Son père, Cosme II, grand-duc de

Toscane, lui ayant envoyé un cheval en bronze, la régente fit faire par Dupré, sculpteur, la figure du roi, pour l'adapter au cheval. Le groupe, fini, fut placé sur le Pont-Neuf, en face de la place Dauphine, dans le petit espace carré qui fait saillie hors du pont, et qui prit le nom de *place de Henri IV*. Louis XIII posa la première pierre du piédestal le 13 août 1614. La statue fut élevée de suite ; mais les ornemens et les bas reliefs n'ont été achevés qu'en 1635, sous le ministère du cardinal de Richelieu. Les parisiens avaient une grande vénération pour Henri IV. A cet égard, nous croyons devoir rendre compte d'un fait dont nous avons été témoins. En 1787, lors de la résistance du parlement à ne pas enregistrer les deux édits bursaux, l'un portant établissement d'un droit de timbre, et l'autre pour la conversion des vingtièmes en une subvention territoriale de 80 millions, les partisans du parlement étaient rassemblés sur la place Dauphine et sur le Pont-Neuf, et obligeaient les passans à saluer Henri IV. Les personnes qui étaient en voiture en descendaient pour rendre le même hommage. Nous avons entendu crier: *Vive le duc d'Orléans*, au moment où ce prince passait. Il fut obligé d'aller saluer, lui disait-on, *son digne parent*, et on lui souhaita de l'imiter dans ses vertus et dans son amour pour le peuple. Le même jour, il y eut une insurrection sur le Pont-Neuf; on incendia le corps-de-garde du guet à pied. La statue de Henri IV fut renversée le 11 août 1792; le fameux canon d'alarme la remplaça. En 1795, on fit construire des échoppes sur ce terrain: on y voit actuellement un superbe café, avec un jardin, à côté un corps-de-garde, et au bas du terre-plein des bains sur la rivière.

La *Samaritaine* est un ornement du Pont-Neuf. Ce petit bâtiment, qui avait titre de château royal, fut construit sous Henri IV, à la seconde arche, du côté du Louvre, pour servir de logement à celui qui a soin de la pompe qui élève l'eau de la Seine pour la distribuer aux fontaines publiques du Louvre et du jardins des Tuileries et dans plusieurs quartiers voisins. Ce bâtiment, la machine hydraulique, et l'horloge de la Samaritaine, qui jouoit des airs à toutes les heures, ont été démolis en 1712, et rebâtis en entier: ils ne furent achevés qu'en 1774. Le jour même que Louis XVI vint à Paris rétablir le parlement qui avait été remplacé par le parlement dit du *chancelier Meaupou*, au moment où ce roi passait sur le Pont-Neuf pour se rendre au palais de justice, le carillon de la Samaritaine joua pour la première fois cet air si connu : *Où peut-on être mieux qu'au sein de sa famille ?* Le comble de cette machine hydraulique est garni d'une balustrade qui règne tout autour ; les faces des côtés sont percées de cinq fenêtres à chaque étage, et deux sur le devant : ces deux dernières sont séparées par un avant-corps en bossage rustique, et cintré d'un cadran qu'on a placé dans un enfoncement surmonté de deux urnes. Au bas du cadran est un grand bassin doré qui reçoit les eaux du réservoir pour les dégorger à son tour dans des tuyaux qui les portent à leur destination. Ces eaux, en tombant sur une coquille, et de là dans un bassin, forment une cascade très-agréable. Le bassin était accompagné de deux figures en plomb, bronzées et dorées, dont l'une représentait Jésus-Christ assis, et l'autre la Samaritaine puisant de l'eau au puits de Jacob, et s'arrêtant pour écouter le Christ. Ce groupe, fondu sur les modèles de Fremin et Bertrand, a été renversé en 1793. Sous le bassin était l'inscription suivante :

*Fons hortorum,
Puteus aquarum viventium.*

A la face opposée, et qui regarde le pont des Arts, est un cadran qui est vu de bien des endroits et de fort loin. Dans le milieu de l'édifice et au-dessous du cintre, entre les deux cadrans, on a élevé une espece de petit donjon revêtu de plomb doré, où sont les timbres de l'horloge et ceux qui composent le carrillon. Les époques mémorables et les fêtes nationales sont célébrées par ce carrillon.

Il passe un si grand nombre d'individus des deux sexes sur le Pont-Neuf, que les étrangers, lorsqu'ils ignorent la demeure d'une personne de leur connoissance, vont deux ou trois fois de suite au café *Conti*, au coin de la rue de Thionville, ci-devant Dauphine, en face du Pont-Neuf: ils sont sûrs, en observant, de voir passer ceux qu'ils cherchent. On disait, avant la révolution, que l'on voyait, toutes les demi-heures, passer sur ce pont un abbé, un capucin, un chevalier de St.-Louis, un garde française, une femme publique, et un cheval blanc. Ce fait s'est vérifié plusieurs fois.

Le *pont national* (ci-devant pont royal) a été bâti sous Louis XIV : il a remplacé un ancien pont de bois qui fut emporté par un dégel en 1634. Il est soutenu par deux culées qui forment cinq arches ; dont les cintres sont d'une grande beauté. On a tracé sur une des piles une échelle, divisée en mèt. et en centimètres (pieds et pouces) : elle marque la hauteur de la rivière. On avait placé, au 10 août 1792 un canon au bout de ce pont du côté de la rue du Bacq : plusieurs boulets furent tirés sur le château des Tuileries. On voyait encore il y a un an entre les deux croisées la place où un boulet avait porté.

Le *pont Marie* a été construit en 1625. Le *pont de la Tournelle* ou *St.-Bernard* est composé de six arches d'un grand caractère.

Le pont *N.-Dame* fut construit en 1499, sur les dessins de *Jean Joconde*. On voit sur ce pont une machine hydraulique, composée d'un corps de pompes dont les pitons sont mis en mouvement par une roue mue par la force du courant de la rivière ; l'eau est portée par plusieurs tuyaux au haut du bâtiment, d'où elle part ensuite pour alimenter les fontaines et les jardins publics.

Ce fut sur ce pont que l'Infanterie ecclésiastiques de la Ligue passa en revue devant le Légat, le 3 juin 1590 Capucins, Minimes, Cordeliers, Jacobins, Carmes, Feuillans, tous, la robe retroussée, le capuchon bas, le casque en tête, la cuirasse sur le dos, l'épée au côté et le mousquet sur l'épaule, marchaient quatre à quatre, le révérend évêque de Senlis à leur tête avec esponton : les curés de St.-Jacques de la Boucherie et de St.-Côme faisait les fonctions de sergents-majors. Plusieurs de ces miliciens, sans penser que leurs fusils étaient chargés à balles, voulurent saluer le Légat, et tuèrent à côté de lui un de ses aumôniers ; mais son éminence trouvant qu'il commençoit à faire trop chaud à cette revue, se dépêcha de donner la bénédiction et s'en alla.

Le *pont au Change*, ainsi nommé de changeurs qui y demeuraient, était en bois: il fut consumé en 1621 et en 1639 ; il a été depuis rebâti en pierre. On y voyait, avant

avant la révolution, les figures de Louis XIV enfant, celles de Louis XIII, et la reine Anne d'Autriche. Ces figures, en bronze, sont actuellement au Musée des monumens français. Germain *Brice*, dans sa Description de Paris dit que les marchands d'oiseaux, à qui l'on accordait la permission de vendre sur ce pont, étaient obligés d'en lâcher deux cents douzaines aux entrées des rois et des reines. C'était vraisemblablement pour marquer que si le peuple avait été oppressé sous le règne précédent, ses droits, ses priviléges et ses libertés allaient renaître sous le nouveau roi.

A l'entrée d'Isabeau de Bavière, femme de Charles VI, un Génois fit tendre une corde depuis le haut des tours Notre-Dame jusqu'à une des maisons de ce pont: il descendit en dansant sur cette corde avec un flambeau allumé à chaque main ; il passa entre les rideaux de taffetas blanc à grandes fleurs de lis d'or qui couvraient ce pont ; il posa une couronne sur la tête d'Isabeau de Bavière, remonta sur sa corde et reparut en l'air. La chronique ajoute que comme il était déja nuit cet homme fut vu de tout Paris et des environs.

Tome I.

Depuis la démolition du petit et du grand Châtelet, ce pont a un débouché fort avantageux pour la rue St.-Denis, qui se terminait derrière le grand Châtelet; ce qui formait un cul-de-sac Le nom de César était resté par tradition à une des chambres du grand Châtelet. L'antiquité de sa grosse tour, et ces mots, *tributum Cæsaris*, gravés sur un marbre qu'on voyait encore sous l'arcade, vers la fin du seizième siècle, prouvent que cette forteresse a été bâtie par les ordres de ce conquérant, ou sous le règne de quelqu'un des premiers empereurs romains.

Dans un tarif fait par *St.-Louis* pour régler les droits de péage qui étaient dus à l'entrée de Paris sous le petit Châtelet, on lit que *le marchand qui apportera un singe pour le vendre paiera quatre deniers;* que *si le singe appartient à un joculateur, cet homme, en le faisant jouer et danser devant le péager, sera quitte du péage tant dudit singe que de tout ce qu'il aura apporté pour son usage.* De-là vint le proverbe, *payer en monnoie de singe, en gambades.* Un autre article porte que les *jongleurs* seront aussi quittes de tout péage, en chantant un couplet devant le péager.

PONT DE LA CONCORDE.

Le *pont de la Concorde* (ci-devant de *Louis XV*), vis-à-vis le palais du corps législatif (ci-devant *palais Bourbon*), a été commencé en 1787, et fini en 1791, d'après les dessins du célèbre Peronnet, premier ingénieur des ponts et chaussées. Ce pont a cinq arches d'une construction nouvelle et élégante, formées chacune d'une portion d'arc de cercle, et soutenues par des piles très-légères, avec des colones engagées ; les parapets sont composés de balustrades ; des obélisques doivent être placés à l'aplomb des piles. En l'an 9 (1801), il a été tiré un superbe feu d'artifice sur ce pont : les tableaux magnifiques produits par plus de quatre cent mille individus des deux sexes, bordant les deux côtés de la Seine, depuis le pont Marie jusqu'à Sèvres, auraient été difficiles à peindre. Dans la même année une pauvre femme habituée de porter dans une hotte son mari impotent, fatiguée de son fardeau, se reposa sur l'un des parapets du pont, et par suite d'une querelle avec lui le jeta dans la rivière.

Le *pont de l'Hôtel-Dieu*.

Le *pont de la Cité* est situé entre la Cité et l'île St.-Louis ; il réunit ces deux îles : les piles et les culées sont en pierre, et le ceintre en fer revêtu en bois sert aux voitures et aux gens de pied ; il a été achevé en l'an 11 (1803). La construction de ce pont est nouvelle en France.

Le *pont du Louvre*, ci-dev. *pont des Arts*, vis-à-vis le Louvre et le palais des Arts, (ci-devant collége Mazarin), a été achevé au commencement de l'an 12 (1804). Ce pont ne sert qu'aux gens de pied ; les arches sont en fer, et les piles et culées en pierre. C'est le premier de ce genre en France. Il est orné d'orangers et d'un grand nombre de fleurs des plus rares. Au milieu, de chaque côté, est une serre vitrée dans laquelle sont des gradins qui portent des fleurs et des arbustes étrangers disposés avec goût. C'est un lieu de promenade, et principalement le soir pour la belle société. Il y a des chaises qui se paient deux sols ; le passage du pont coûte 1 sou. Il est des jours où il y passe une telle quantité de monde, que la recette se monte à plus de 800 francs. Ce pont est éclairé par des réverbères. Il y a un glacier et des musiciens ambulans.

Le *pont du jardin des Plantes* est commencé depuis l'an 11 (1802). Les

Tom. I. 124.

culées sont en pierre; elles sont élevées en ce moment à la hauteur des naissances: les pieux de fondation des piles sont battus, elles seront en pierre, comme les arches.

Voici les noms des autres ponts: le pont *aux Biches*, — *St.-Charles*, — *des Cygnes*, — *aux Doubles*, — *de Grammont*, — et *aux Trippes*, etc.

PLACES PRINCIPALES.

Place des Vosges.

La place *des Vosges* (ci-devant Place-Royale), située entre la rue St.-Antoine et le quartier du Marais, est un monument du règne de Henri IV. Elle fut commencée dans le lieu où était autrefois le jardin des Tournelles, que Charles V avait fait bâtir, et que lui et ses successeurs habitèrent jusqu'à Charles IX. Henri IV, voulant établir à Paris une manufacture de soie, d'or et d'argent, fit tracer cette place en 1604, pour y construire des bâtimens où il pût loger les manufacturiers. Il fit bâtir à ses dépens l'une des quatre façades, qu'on désignait sous le nom de *Pavillon Royal*. Cette place est assez bien symétrisée; elle forme un carré parfait de cent trente neuf mètres (soixante-douze toises) : les quatre côtés élevés à trois étages, composent trente-neuf pavillons, sans y comprendre quatre demi-pavillons aux quatre angles. Ces pavillons sont soutenus par des piliers formant une galerie voûtée de quatre mètres (douze pieds) dans l'œuvre qui règne tout autour de la place; il n'y a qu'un seul pavillon du côté de la rue des Francs-Bourgeois, où cette place soit parfaitement ouverte. Les trois autres entrées, opposées les unes aux autres, sont masquées par des arcades uniformes; ce qui fait paraître la place renfermée comme une cour : mais le projet de Henri IV, qui la destinait à établir des manufactures dans son enclos, n'était pas d'en faire une place découverte et percée d'avenues. Elle fut achevée en 1612. Le 5 août de la même année, Marie de Médicis y donna le spectacle d'un superbe carrousel, à l'occasion de la double alliance entre la France et l'Espagne. Cette place est pavée le long des galeries de la longueur d'une rue; le reste est fermé d'une grille de fer, qui renferme de grands tapis de gazon. On a vu jusqu'au 10 août 1792, au milieu de

Place Vendome.

cette place la statue équestre de Louis XIII en bronze, posée sur un piédestal de marbre blanc. Le cheval était de Daniel Ricciarelli de Volterre. Sur les faces du piédestal étaient des inscriptions à la louange de Louis XIII et du cardinal de Richelieu.

Place Vendôme, ci-devant appelée *Louis-le-Grand*, située entre la rue Saint-Honoré et la rue des Petits-Champs. Cette place a été construite sur le terrain de l'hôtel de Vendôme, bâti par Henri IV pour son fils naturel le duc de Vendôme, dont cette place a conservé le nom. Louis XIV qui acheta cet hôtel en 1685, avec quinze à vingt arpens de terrain qui en dépendaient, fut conseillé par le marquis de Louvois d'y former une place publique dans laquelle on devait réunir la bibliothèque, l'imprimerie royale, toutes les académies, la monnoie et l'hôtel des ambassadeurs. Le roi adopta ce plan, et la place fut commencée en 1687 sur les dessins de Jules Hardouin Mansard : elle devait être carrée, entourée de portiques formant un soubassement sur lequel aurait été élevé un ordre ionique; l'intérieur de la place devait être décoré d'un arc de triomphe, etc.

Ce beau monument était déja élevé au premier étage lorsque le marquis de Louvois mourut disgracié. Son plan fut aussitôt abandonné, et le roi fit présent du terrain et des matériaux à la ville, qui obtint la permission d'y bâtir une place, et d'y ériger une statue équestre à Louis XIV. Le même Mansard qui avait donné le premier plan fut chargé du second. L'inauguration de cette place et l'érection de la statue furent faites le 13 août 1699, avec une pompe et une magnificence dignes du siècle de Louis XIV. La place est de figure octogone, et a 145 mèt. (75 t.) de long, sur 137 mèt. (70 toises) de large. Les façades des bâtimens qui l'environnent sont décorées d'un grand ordre corinthien en pilastres, qui comprend deux étages. Cet ordre est élevé sur un soubassement, orné de refends et percé d'arcades, avec des corps avancés, revêtu de colonnes, couronnées de frontons, où étaient les armes du roi, et des figures assises sur l'entablement. Ces colonnes jumelles qu'on remarque sur les avant-corps passent pour une innovation en architecture. Les deux églises des Feuillans et celle des Capucins qui masquaient cette superbe place, viennent d'être démolies; ce qui la fait découvrir, d'un côté, des Tuileries, et de l'autre, des grands boulevards. La statue équestre de Louis XIV était au centre de la place. Le roi y était représenté en héros de l'antiquité, sans selle et sans étriers, donnant des ordres de la droite, et tenant de la gauche les rênes de son cheval. Cette grande et magnifique statue de 7 mètres et demi (22 pieds 2 pouces) de hauteur avait été fondue en bronze d'un seul jet par Balthazar Keller, suisse, sur les dessins et d'après le modèle de François Girardon : on y employa quatre-vingt milliers de métal ; le piédestal était de marbre blanc; il avait 10 mètres (30 pieds) de hauteur et 8 mèt. (24 pieds) de long sur 10 mèt. (3 pieds) de large; il était élevé de quelques degrés, et chargé sur les faces de plusieurs inscriptions latines. Ce monument fut détruit après la journée du 10 août 1792. On conserve encore dans le Musée des monumens français le petit modèle en bronze de cette statue, qui fut présenté à Louis XIV. Le piédestal ne fut démoli que deux ans après. On y a déposé pendant deux heures, le 3 pluviose an 1.er (24 janvier 1793), le corps de Michel Lepelletier de Saint-Fargeau, ex-président au parlement de Paris, l'un des membres de la convention nationale, assassiné chez un restaurateur le 20 dudit mois, au jardin Égalité, aujourd'hui tribunat (ci-devant Palais-Royal), par *Pâris* ancien garde-du-corps de Louis XVI, pour venger le roi, dit-il, de ce que Lepelletier avait voté sa mort. La convention nationale a assisté en masse à ses obsèques.

Le gouvernement doit faire élever sur cette place, un monument dont la forme n'est pas encore adoptée. Le ministre de la justice occupait une partie des bâtimens de la place Vendôme. Les administrations départementales, la préfecture, y ont aussi résidé. Jusqu'en 1774 ou 1775 il s'y est tenu, chaque année, une foire d'été dite de *St.-Ovide*, le jour de la fête de ce saint, et qui durait environ un mois. On construisait d'une manière élégante des boutiques tout autour de la place, au milieu de laquelle étaient tous les petits spectacles du boulevard. Les boutiques avaient des trottoirs pour les gens de pied, de manière qu'on pouvait faire

131. Tom.1.

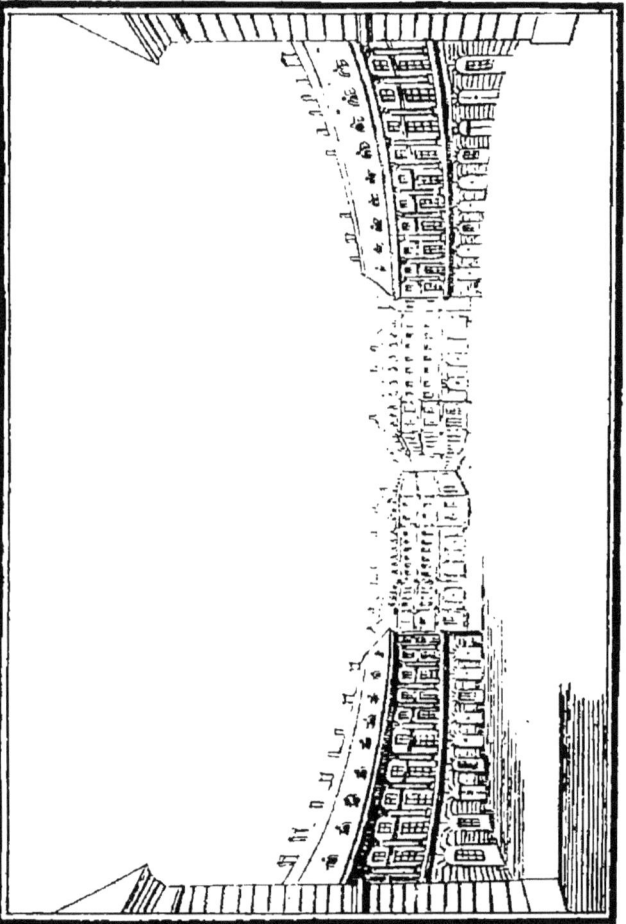

le tour de la place en voiture, entre les boutiques et les petits spectacles. Cette foire était à peu près semblable à celle qui s'est tenue dans les années 2 (1802), et 11 (1803) dans la cour du Louvre.

Place des Victoires.

La *place des Victoires* est située à côté de la rue Montmartre, aux extrémités des deux rues des Petits-Champs, ainsi nommées des champs qui voisinaient ce quartier, et qui furent convertis en bâtimens sous Louis XIII ainsi que la place dont nous parlons. En 1684, François d'Aubusson, duc de la Feuillade, comblé d'honneurs et de biens par Louis XIV, voulut rendre sa reconnoissance publique et durable, par le superbe monument que jamais sujet ût élevé en l'honneur de son prince ; monument qui surpassait même la plupart de ceux qui ont été érigés par des provinces entières, et par tout le peuple romain pour ses plus grands empereurs. Il acheta l'hôtel de la Ferté-Senneterre, avec plusieurs maisons voisines. Ce terrain lui coûta 500,000 francs, et une bien plus forte somme pour la statue, sans y comprendre les ornemens de la place. Comme le duc de la Feuillade avait moins consulté ses facultés qu'sa reconnoissance pour son prince, la ville de Paris entra dans ses vues, fit l'acquisition de l'hôtel d'Emery et de plusieurs autres maisons voisines, et se chargea des frais pour l'embellissement de la place. L'inauguration s'en fit le 28 mars 1686. Cette place, exécutée par Hardouin Mansard, est ovale, et seulement de 78 mètres (40 toises) de diamètre; mais elle paraît plus étendue, à cause des grandes rues qui viennent s'y terminer, et qui en laissent voir de loin la beauté; les bâtimens qui l'environnent sont à deux étages, d'ordre ionique, élevés sur un soubassement dont le rez-de-caussée est percé d'arcades avec des ronds. On voyait au centre de la place la statue pédestre de Louis XIV, de 5 mètres 1/4 (13 pieds) de hauteur, posée sur un piédestal de marbre blanc veiné, de 7 m. (22 pieds) de hauteur, avec une inscription latine. La statue, en bronze doré, représentait Louis XIV debout, revêtu des habits de son sacre; il foulait à ses pieds un cerbère, pour marquer la triple

triple alliance dont ce prince triompha ; et au bas étaient ces mots : *Viro immortali.* Derrière la statue était une victoire de même hauteur, et aussi dorée, les ailes déployées, un pied en l'air, et posant la pointe de l'autre sur un globe fuyant : elle tenait d'une main une couronne de laurier, dans l'action de la poser sur la tête du roi, et de l'autre un faisceau de palmes et de branches d'olivier. La figure du roi et de la victoire, avec cerbère et le globe, formaient un groupe de 5 mètres (16 pieds) de hauteur. Il y avait derrière les deux figures un bouclier, un faisceau d'armes, une massue d'Hercule et une peau de lion. Ce beau groupe, avec tout ce qui l'accompagnait, avait été fondu d'un seul jet; il pesait plus de 30 milliers. Les dessins étaient de Martin Desjardin; le piédestal sur lequel le groupe était élevé était orné de bas-reliefs, avec des corps avancés en bas, aux quatre coins desquels étaient enchaînés quatre captifs ou esclaves en bronze, de stature gigantesque, qui représentaient les nations dont la France avait triomphé. Ces captifs avaient chacun 4 mètres (12 pieds) de proportion, et étaient accompagnés d'un grand nombre

Tome I.

de trophées, avec les armoiries, qui désignaient les nations vaincues. Les principaux bas-reliefs, de 2 mètres (6 pieds) de hauteur, sur 1 mètre 1/3 (4 pieds) de largeur, étaient du même Desjardin, ainsi que les autres ornemens. Ils représentaient : 1.° la préséance de la France, reconnue par l'Espagne en 1662; 2.° le passage du Rhin; 3.° la dernière conquête de la Franche-Comté, en 1674; 4.° la paix de Nimègue, en 1678. Des inscriptions en expliquaient les sujets. On voyait autour du piédestal, sur une espèce d'empattement, deux autres inscriptions latines; l'une pour célébrer l'abolition des duels, et l'autre l'extinction de l'hérésie, etc. Les quatre bas-reliefs que nous avons décrits sont placés dans le Muséum des monumens français, et les quatre figures représentant les quatre nations sont aux Invalides, d'où l'on doit les retirer pour servir à un monument public. On trouve dans les Mémoires de l'abbé de *Choisi* que le maréchal de la *Feuillade* avait dessein d'acheter une cave dans l'église des Petits-Pères, et qu'il prétendait la pousser sous terre jusqu'au milieu de cette place, afin de se faire

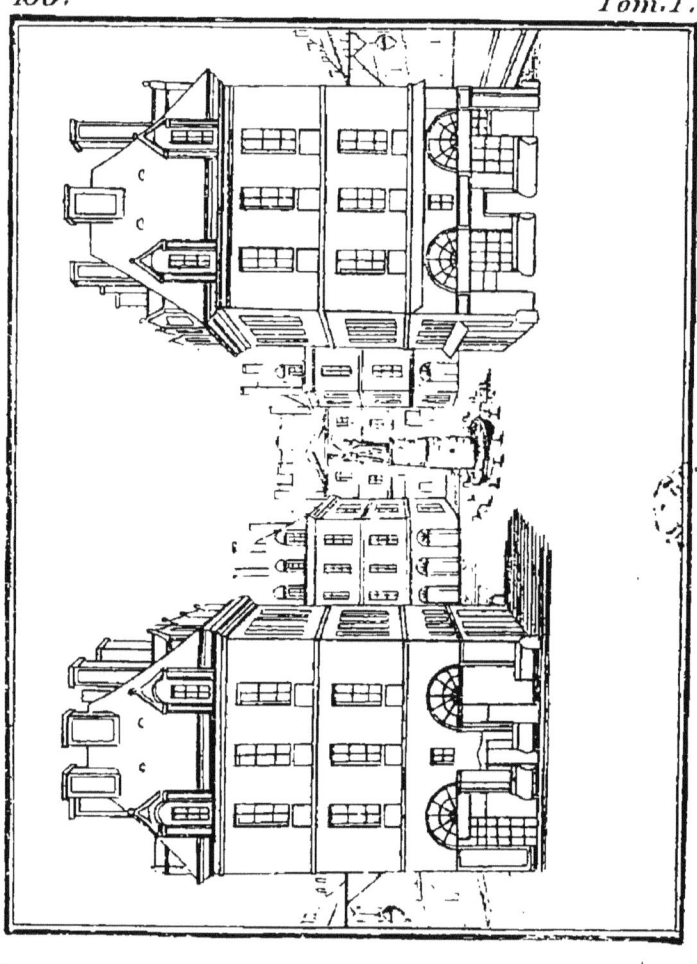

Place Devaux.

enterrer précisément sous la statue de Louis XIV, son digne maître. L'an Ier (1793), on fit construire sur cette place une pyramide en planches : on lisait sur les quatre côtés les noms des départemens et les victoires remportées par les armées républicaines. C'est au milieu de cette place qu'on doit élever un monument à la mémoire de Kléber ; sur un énorme piédestal de 4 ou 5 mètres (15 pieds) sera placée la statue de ce général, de grandeur naturelle.

Place Desaix.

La place aujourd'hui nommée *Desaix*, ci-devant place *Dauphine*, ensuite de *Thionville*, qui fait face au terre-plein où était la statue de Henri IV, sur le Pont-Neuf, est un triangle de 82 mètres (42 toises) situé entre le Pont-Neuf et le palais marchand, dont cette place faisait autrefois partie. Henri IV, pour témoigner sa reconnoissance au premier président Achille du Harlay, lui donna en 1607 une partie des jardins du palais, avec le terrain qu'occupe aujourd'hui la place Desaix, à la charge d'y faire bâtir des maisons conformément au devis qui lui fut remis par le duc de Sully, grand voyer de France. La rue qui sépare cette place des bâtimens du palais prit le nom du premier président, et la place, celui de *place du Dauphin* lorsqu'on en fit l'inauguration. Elle est bornée de trois rangs de maisons dont les deux grands côtés, qui forment les quais de l'Horloge et des Orfèvres, sont composés de 11 maisons; le 3e en a seulement 8 : elles sont toutes de pareille structure et symétrie, bâties en briques et de pierres de taille, faites en saillie. C'est sur cette place que l'on a fait ériger un monument orné d'une fontaine à la gloire du général Desaix, tué sur le champ de bataille, à l'affaire de Marengo. Plus de six cents personnes se sont empressées, par une souscription, de rendre hommage au général dont la valeur et le généreux dévouement contribuèrent au triomphe de cette mémorable journée. Ce monument représente la France militaire couronnant la figure thermale du général Desaix. Sur le devant du piédestal, le nom du héros est en lettres d'or, entouré d'une couronne de chêne, et au bas sont ses dernières paroles : *Allez dire au premier consul que je meurs avec le regret de n'avoir pas assez fait pour vivre dans la postérité.* — Les deux fleuves, le Pô, et le Nil, témoins des victoires de Desaix, sont représentés avec leurs attributs sur le bas-relief circulaire, et deux renommées gravent sur deux écussons l'une, *Thebes* et les *Pyramides*, l'autre, *Kell* et *Marengo* ; un riche trophée, composé des dépouilles des peuples différens qu'il a vaincus, est placé derrière le piédestal. Sur la base de devant sont les deux inscriptions suivantes: « *Landau, Kell, Weissembourg, Alarie, Chebreis, Embabé, les Pyramides, Sédiman, Sammanhout, Kéne, Thebes, Marengo*, furent témoins de son talent et de son courage: les ennemis l'appelèrent le *Juste* ; les soldats, comme ceux de Bayard, sans peur et sans reproche. Il vécut et mourut pour sa patrie ». Sur celle de derrière: » L.-Ch.-Ant. Desaix, né à Ayat, département du Puy-de-Dôme, le 17 août 1768, mort à Marengo, le 25 prairial an 8 de la république (14 juin 1800) ». Ce monument lui fut élevé par des amis de sa gloire et de ses vertus, sous le consulat de Bonaparte, l'an 10 de la république ». Il a été exécuté par Fortin, sculpteur, sur les dessins de Charles Percier, architecte du gouvernement. On a gravé au-dessous de cette inscription les noms de tous les souscripteurs.

Le Louvre. (1)

Il est situé entre la Seine et la rue Saint-Honoré, en face de l'église Saint-Germain-l'Auxerrois. Plusieurs écrivains ont fixé son origine dès les rois de la première race; d'autres disent qu'il fut bâti dans un bois par Philippe-Auguste, en 1217, ce qui lui fit donner le nom de *Château du Bois;* il y fit construire une tour qui servait à renfermer les prisonniers d'état et qui a passé pour le principal manoir ou chef-lieu de la couronne, parce qu'on y gardait le trésor et les archives. Le Louvre ne se trouva dans Paris que par l'enceinte commencée sous Charles V en 1367; achevée sous Charles VI en 1383. Charles V fit réhausser ce palais, et rendre les appartemens plus commodes et plus agréables;

---

(1) De l'ancien mot saxon LOUVAR, qui signifie CHATEAU.

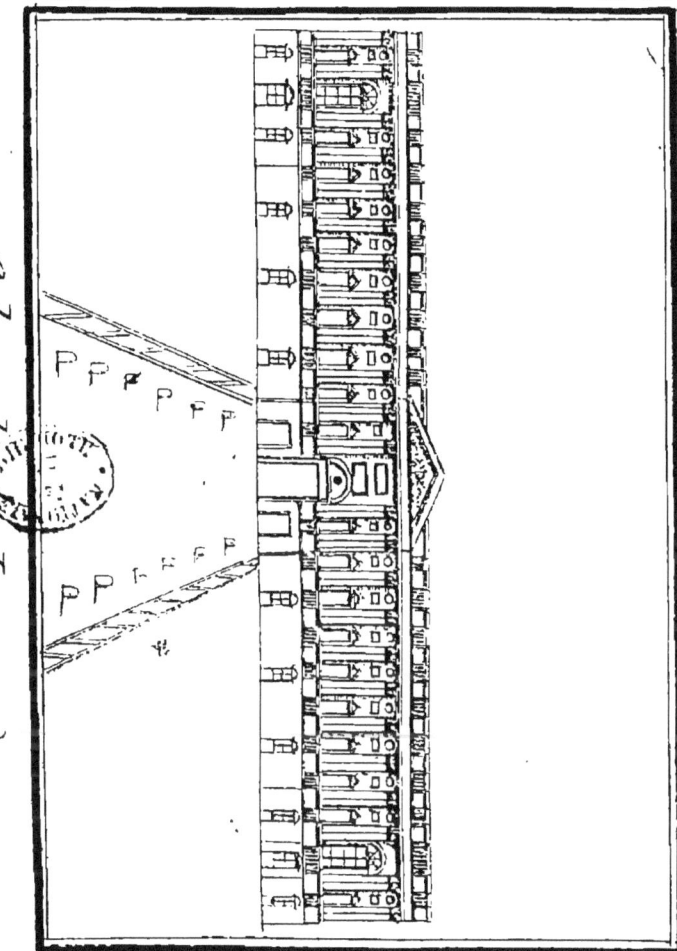

Colonade du Louvre.

mais ni ce prince, ni ses successeurs, jusqu'à Charles IX, n'en firent leur demeure ordinaire. Ce palais était destiné à recevoir les monarques étrangers qui venaient en France. Manuel, empereur de Constantinople; Sigismond, empereur d'Allemagne, Charles-Quint, y ont successivement logé. En 1528, François I.er le fit abattre, et commença le nouvel édifice que son fils Henri II fit achever, et porter au point de perfection où il est aujourd'hui, sur les dessins de l'abbé de Cluny: la sculpture fut exécutée par le fameux Jean Goujon. Charles fit commencer la grande galerie qui joint le Louvre au palais des Tuileries, et Henri IV la termina. Louis XIII fit élever par le Mercier, le péristile qui sert d'entrée au vieux Louvre du côté des Tuileries, et fit continuer l'angle opposé à celui de Henri II. Tout le reste de l'édifice moderne, qui forme ce qu'on appelle le *nouveau Louvre*, a été fait par les ordres de Louis XIV, et les soins de Colbert, qui y employa Louis le Vau, célèbre architecte, et François Dorbay, son élève, qui ont fait exécuter la superbe façade du côté de l'église St.-Germain-l'Auxerrois sur les dessins de Claude Perrault, médecin, que ce chef-d'œuvre a immortalisé. Cette façade ne le cède en rien au plus bel antique; elle a 1343 mètres (687 toises) de longueur; elle est divisée en deux péristiles, et trois avant-corps: la principale porte est dans l'avant-corps du milieu, qui est décoré de huit colonnes accouplées et couronnées d'un fronton dont la simaise n'est composée que de deux pierres qui ont chacune 18 mètres (9 toises) de long, sur 2 mèt. et demi (7 pieds et demi) de large.

Les deux avant-corps sont ornés de six pilastres et des deux colonnes du même ordre. Le tout est terminé par une balustrade dont les piédestaux doivent servir à placer des trophées entremêlés de vases. Le plan de tout le Louvre est un carré parfait, entouré de quatre corps de bâtimens, décoré de trois ordres d'architecture l'un sur l'autre, dont les pavillons ou avant-corps sont enrichis de colonnes; au milieu est une cour carrée, percée dans ses quatre faces de superbes portiques ornés de colones. L'intérieur est également orné de beaux morceaux de sculpture, exécutés par Sarasin, Jean Goujon,

Germain Pilon, Houdon, Bouchardon, Bridan, Coustou, Clodion, et plusieurs autres artistes célèbres. La grande galerie qui joint le Louvre au palais des Tuileries a 448 mètres (230 toises) de longeur, et dix mètres (5 toises) de largeur. Cet édifice qui a été long-temps négligé, devra son entière restauration au règne de Bonaparte. Le gouvernement le rend à sa véritable destination, en le faisant le *palais des sciences et des arts*: il renferme déja l'Institut national, qui remplace toutes les académies anciennes, et le muséum de sculpture et de peinture : (Voyez *Institut, Museum, Bibliotheque*). Par arrêté des consuls, du mois de fructidor an 9 (1800), on doit y établir la bibliothèque nationale. On ne pourra pas dire à *Napoléon Bonaparte* ce que *Dufrény* disait un jour à Louis XIV : « Sire, je ne regarde jamais le nouveau Louvre sans m'écrier: Superbe monument de la magnificence d'un des plus grands rois, palais digne de nos monarques, vous seriez achevez si l'on vous eût donné à l'un des quatre ordres mendians pour tenir ses chapitres et loger son général ». Enfin le superbe édifice du Louvre deviendra un temple de mémoire, où les plus grands hommes, les plus grands talens, et la gloire du gouvernement, seront à la fois immortalisés. La commune de Paris avait fait placer en 1793 un tableau sur le balcon du Louvre à côté du guichet, sur lequel on lisait : *C'est de cette fenêtre que l'infâme Charles IX tirait sur le peuple pendant les massacres de la Saint-Barthélemi*; mais l'histoire dit que c'était particulièrement *sur les Huguenots qui passaient la rivière pour se sauver au faubourg Saint-Germain.*

On voit au-dessus du pavillon du Louvre un télégraphe. (Voyez *Télégraphe*).

On peut voir tous les jours au Louvre la collection des médailles.

Palais des Tuileries.

Ce palais et son jardin furent ainsi nommés, parce qu'on y fabriquait anciennement de la tuile ; il fut commencé en 1564 par Catherine de Médicis, pour en faire sa demeure, (1) et avoir

---

(1) On lit dans Mezeray qu'un astrologue ayant prédit à Catherine de M é d i c i s, qu'elle

Tom. I.   142.

un palais séparé de celui du roi, qui logeait au Louvre. Il a été construit sur les dessins de Philibert Delorme, continué par Henri IV, et achevé par Louis XIV sur ceux de le Vau et de Dorbay, architectes. Sa façade est composée de cinq pavillons, et de quatre corps de logis sur une même ligne, ayant 346 mètres 1/2 (178 toises 3 pieds) de longeur, 35 m. (18 toises) de largeur. L'architecture du gros pavillon du milieu est composée des ordres ionique et corinthien. Sous Louis XIV, on y ajouta le composite et un attique. Le vestibule, percé de cinq ouvertures, est si dégagé, que la vue, qui s'échappe par les arcades, se porte tout le long du jardin des Tuileries, jusqu'au haut des Champs-Elysées, même jusqu'à la nouvelle barrière, ce qui forme

---

mourrait auprès de ST.-GERMAIN, on la vit aussitôt fuir superstitieusement tous les lieux et toutes les églises qui portaient ce nom : elle n'alla plus à ST.-GERMAIN-EN-LAYE, et même à cause que son palais des Tuileries se trouvait sur la paroisse de SAINT-GERMAIN-L'AUXERROIS, elle en fit bâtir un autre (hôtel de Soissons) près de St.-Eustache.

la perspective la plus magnifique et la plus agréable. Les colonnes qui sont du côté du Carrousel sont en marbre brun et roux : la même disposition se remarque du côté du jardin. L'intérieur de ce palais est décoré de superbes morceaux de peinture et de sculpture, exécutés par les plus célèbres artistes français et italiens. Les consoles qui règnent le long d'une partie des bâtimens, tant du côté de la cour que du jardin, sont ornées de quarante-deux bustes qui représentent des grands hommes de l'antiquité et des temps modernes. Sous les portiques, du côté du jardin, sont dix-huit statues de marbre revêtues de la toge ; de chaque côté de la porte est un lion de marbre blanc, appuyé sur un globe ; dans deux niches qui se trouvent aux côtés de la porte, dominant sur la cour, sont deux petites statues en marbre blanc : l'une est Apollon Moneta, et l'autre un faune jouant de la flûte. Depuis que ce palais est habité par le premier consul de la république, aujourd'hui empereur des Français, il a reçu des embellissemens qui en font le plus beau et le plus riche palais de l'Europe. La cour des Tuileries, obstruée

autrefois

autrefois par plusieurs bâtimens, est maintenant libre dans toute son étendue, et présente un carré long; elle est séparée de la place par une grille posée sur un mur à hauteur d'appui. Cette grille s'ouvre par trois portes. La principale, qui se trouve au milieu, est ornée de quatre faisceaux d'armes, surmontés chacun d'un coq dont les ailes sont déployées; au-dessous est un carré long, entouré d'une couronne de chêne et de laurier, sur lequel on distingue les lettres R. F. réunies (République Française) : tous ces ornemens sont dorés. Sur la plate-forme des portes latérales on a placé les quatre chevaux de bronze qui ornaient autrefois la place St.-Marc à Venise.

Place de la Réunion (ci-dev. *Carrousel*).

La place de la *Réunion* ou du *Carrousel* est ainsi nommée, parce que Louis XIV, dans sa jeunesse, y avait fait plusieurs carrousels. C'était là que les soldats de la garde française et suisse se mettaient en bataille lorsque le roi résidait à Paris. Cette place, qui était très-petite et très-embarrassée, vient d'être agrandie presque du double, par la démolition d'un grand nombre de maisons et de toute l'île formée par l'hôtel Coigny : maintenant, de quelque côté qu'on arrive sur cette place, l'œil découvre la magnifique façade du palais. Le terrain de la cour du palais et de la place du Carrousel est si vaste, que l'on peut y passer la revue de plus de quinze mille hommes, tant infanterie que cavalerie.

Sous le règne du gouvernement révolutionnaire, on a vu pendant deux ans, sur cette place, un prétendu monument érigé en l'honneur de Marat. C'était le simulacre d'un souterrain construit en planches. Marat y était représenté en plâtre, écrivant à la lueur d'une lampe sépulcrale : un factionnaire y faisait sentinelle nuit et jour pour le défendre des atteintes des profanes. Lazouski, l'un des chefs de la journée du 10 août a été enterré au-dessous du souterrain de Marat. C'est dans cette place et dans l'intérieur de la cour que, tous les 15 du mois, la grande parade a lieu à midi, devant l'empereur.

On voit dans une des salles du Muséum au Louvre, un dessin d'Isabet, qui offre les portraits très-ressemblans de l'empereur et des généraux les plus marquans.

C'est au coin du Carrousel, à l'entrée de la rue St.-Nicaise, vis-à-vis la rue de Chartres, que se fit l'explosion de la machine infernale, le 3 nivose an 9 à 8 heures 1/2 du soir, au moment où le premier consul, allait à l'opéra. Cette explosion fit périr et blessa un grand nombre de personnes.

Jardin des Tuileries.

Le jardin des Tuileries, l'un des plus beaux et des plus réguliers qui existent en Europe, est du dessin de Le Notre, le même qui a porté si haut parmi nous l'art de construire les jardins et les parterres. C'est un carré long de plus 585 mètres (300 toises) de long, sur plus de 230 mètres (170 toises) de large, ce qui fait plus de 97,310 mètres (50,000 toises carrées). Il est bordé de deux terrasses, l'une à l'ouest et l'autre à l'est, qui se prolongeant de chaque côté lui servent de limites, et viennent aboutir, ainsi que le jardin, par une superbe grille, à la place de la Concorde (ci-dev. Louis XV). Ce jardin est orné de quatre bassins d'eau jaillissante, dont trois sont en face de la terrasse du palais; le quatrième est à l'extrémité de l'avenue qui conduit à la place de la Concorde. Il faut tout admirer dans ce jardin, qui ne contient que des objets du plus grand prix. La convention nationale en a commencé les embellissemens. Sous son règne, pendant la disette du pain, la commune de Paris avait fait planter des *pommes de terre* dans la grande allée de l'orangerie et dans les parterres, sous le prétexte de subvenir à l'approvisionnement de Paris. Depuis que Napoléon Bonaparte fait sa résidence dans ce château, les embellissemens on été continués. Dans le cours de la belle saison, ce jardin présente un lieu enchanteur. Outre l'éclat des productions de la nature qu'il renferme, et plus de huit cents caisses des plus beaux orangers qu'il y ait en France, on rencontre à chaque pas des statues, des vases, qui attestent le génie de la sculpture. On y voit un faune assis, jouant de la flûte. — Une hamadryade et une Flore, de Coysevox. — Trois statues représentant deux nymphes et un chasseur du génie de Coustou l'aîné. — Quatre belles copies en bronze de statues antiques : la première est le prétendu gladiateur de la ville Borghèse d'Agasias, qu'on doit prendre, suivant le même auteur, pour la représentation d'un guerrier qui s'était distingué dans une position dangereuse. — Le gladiateur mourant, ou, selon Winkelmann, Polyphonte, héraut de Laïus, roi de Thèbes, tué avec son maître par Œdipe, ou Copréas, héraut d'Eurythée, massacré par les Athéniens. — Une Vénus sortant du bain. — L'écorcheur de Marsyas. — La Flore de Farnèse, ou une muse — Castor et Pollux. — Bacchus instruisant le jeune Hercule. — Une Diane. — Vénus sortant du bain. — L'Apollon du Belvédère. — Le groupe de Laocoon, par Polydore. — Agésandre et Athénodore. — La Diane nommée par les antiquaires *Succincta*. — Hercule portant Ajax. — Hippomène, Atalante et un Apollon, en avant d'un fer-à-cheval, décoré d'un sphinx thébain à chaque extrémité. — Salle parallèle du côté de la rivière : Apollon et Daphné, et au fond la Vénus Callipyge, c'est-à-dire, aux belles fesses. — Le Centaure. — Les lutteurs, par Maguin; — Un sanglier. — La statue de Cléopâtre couchée, ayant autour du bras droit l'aspic avec lequel elle se donne la mort. — Le Méléagre, statue antique, justement admirée. — Le jeune Papyrius et sa mère.— L'Hercule Farnèse. — Un faune portant un chevreau. — Le Mercure. On trouve encore dans ce superbe jardin des chefs-d'œuvres modernes qui attestent le degré de perfection où les arts ont été portés dans ce dernier siècle, tels que l'enlèvement de Cybèle par Saturne — Arria et Pœtus. — L'enlèvement d'Orithie. — La piété filiale, ou Énée emportant son père et ses pénates. — Vertumne ou l'Automne. — Flore ou le printemps. — Scipion l'Africain, par Nicolas Coustou. — Agrippine. — Silène, formant le parallèle à ces derniers. — Annibal, par Sébastien Slodtz. L'hiver, Cérès, une vestale, par le Gros. — Bacchus. — Quatre groupes représentant le Nil, le Rhône et la Saône. — La Seine et la Marne, par Coustou l'aîné. — Le Tibre. — La Loire et le Loiret. — Une statue colossale de César, en marbre, etc.

On a démoli plusieurs maisons qui bordaient la terrasse de Rivoli (ci-devant des Feuillans); de nouvelles rues les remplacent: ce qui, en découvrant ce magnifique jardin depuis la rue St.-Honoré jusqu'à la place Vendôme et les grands boulevards, rend les environs des Tuileries dignes de ce beau monument.

Le jardin des Tuileries est très-fréquenté dans les beaux jours, le concours y est considérable et du meilleur genre.

Le matin, des désœuvrés et des femmes seules; — depuis deux heures jusqu'à quatre, des femmes, des fonctionnaires publics; — le soir, grande société jusqu'à neuf heures.

Allée dite *des Orangers*, on voit un limonadier dont le café est partie sous une tente élégante, dressée dans cette allée, et partie sous la terrasse de Rivoli. Il y a aussi un très-beau café sur la terrasse au-dessus de celui-ci.

Sur cette terrasse (ci-devant des Feuillans) sont deux restaurateurs : Véri, qui est aussi limonadier-glacier, et où on est servi avec beaucoup d'élégance; et Legacque.

Tous les jours, lorsqu'il fait beau, on remarque dans le parterre, à droite de la grille des Champs-Elysées, des invalides et des rentiers; là on parle politique et les plans de guerre s'organisent. On appelle cet endroit *le midi* ou *la petite Provence*.

On trouve aussi un fameux restaurateur dans les fossés, au pont tournant : là se font les parties fines.

Place de la Concorde, (ci-devant Louis XV).

La *place de la Concorde* forme un parallélogramme de 252 mèt. (130 t.) de longueur, sur 204 mèt. (105 t.) de largeur : les angles du parallélogramme forment quatre pans coupés, de 43 mèt. (22 t.) chacun : elle est environnée de larges fossés, bordés des deux côtés de belles balustrades en pierre, posées sur un socle, avec un parapet qui règne au pourtour. Il y a quatre pavillons décorés en bossage, du côté des Champs-Élysées ; et des deux autres côtés on a construit des guérites, dont le comble devait être orné de figures allégoriques. Deux magnifiques bâtimens, du côté du faubourg St.-Honoré, règnent sur toute la partie du nord, en face de la Seine, du pont de la Concorde et du palais du Corps Législatif (ci-devant palais Bourbon). Ces bâtimens sont divisés en deux parties par la rue de la Concorde (ci-devant Royale) qui conduit à l'église de la Madeleine : chacun de ces bâtimens a 92 mèt. (47 t.) de longueur, sur 119 mèt. (56 t.) de hauteur ; ils sont décorés d'un péristile d'ordre corinthien, composé de douze colonnes, posées sur un soubassement ouvert en portique, formant des galeries fermées, et couronnées de balustrades, de frontons, ornés de figures allégoriques et de trophées analogues aux événemens du règne de Louis XV : on appelait ces deux édifices les *colonnades des Tuileries*. L'un de ces bâtimens, autrefois le garde-meuble de la couronne, et où beaucoup des bijoux qui y étaient déposés ont été volés le 17 septembre 1792, est actuellement l'hôtel du ministre de la marine : il y a ses bureaux. On voit au-dessus de cet hôtel un télégraphe, (voy. *télégraphe*). L'autre bâtiment est occupé par des particuliers : pendant plusieurs années, on y a vu au premier étage le superbe café italien.

On voyait au centre de la place de la Concorde (ci-devant Louis XV), la statue équestre de ce monarque. Elle fut érigée le 20 juin 1763. Louis XV était vêtu à la romaine, la tête ceinte de lauriers, tenant de la main gauche les rênes du cheval, et de la droite un bâton de commandement, appuyé sur l'arçon de la selle. Cette statue, de 4 mèt. 1/2 (14 pieds) de proportion, avait été coulée en fonte, d'un seul jet, et d'après les dessins du célèbre Bouchardon : la hauteur du piédestal était de 7 mèt. (21 pieds) de longueur, et 2 mèt. 2/3 (8 pieds 1/2) de largeur. Le piédestal portait sur deux grandes marches de marbre blanc veiné; aux quatre angles étaient quatre espèces de cariatides, appuyées sur le socle, et soutenant la corniche du piédestal avec leurs têtes et leurs mains. Ces cariatides, en bronze, représentaient les quatre vertus cardinales : la Force et la Tempérance aux angles du côté des Tuileries; la Prudence, et la Justice, au côté opposé. Le côté du piédestal répondant aux colonnades était enrichi d'un bas-relief en bronze, de 2 mèt. 1/2 (7 pieds 1/2) de longueur, sur 1 mèt. 3/4 (5 pieds) de hauteur : le roi y était représenté assis sur un trophée d'armes, donnant la paix à l'Europe; et sur le côté opposé de la rivière était un autre bas-relief de la même proportion, où l'on voyait le roi assis sur un char de triomphe, couronné par la Victoire, et conduit par la renommée au-devant des peuples qui se soumettaient à lui. Au milieu de ces deux bas-reliefs, et sur le socle, étaient deux amas de casques, piques, épées et boucliers antiques en bronze, for-

PLACE DE LA CONCORDE. 155

mant des trophées d'armes. La corniche du piédestal était terminée par un piédouche, dont les quatre angles étaient ornés de quatre mufles de lions, tenant dans leurs gueules des guirlandes de laurier unies à des cornes d'abondance qui embrassaient les deux côtés des bas-reliefs ; sur le piédouche, du côté des Tuileries, étaient gravées les armes du roi, et, du côté des Champs-Élysées, celles de la ville de Paris, sur deux plaques de bronze.

Tous ces ornemens avaient été faits sur les dessins de Bouchardon, que la mort surprit au milieu de son travail : en mourant, il désigna M. Pigal pour le terminer. On lisait sur les deux faces de ce monument deux inscriptions latines : du côté des Tuileries,

LUDOVICO XV,
optimo principi,
quod
ad Satldim, Mosam, Rhenum,
victor,
pacem armis
pace
et suorum et Europæ
felicitatem
quæsivit.

Du côté des Champs-Élysées on lisait :

Hoc
Pietatis publicæ
Monumentum
Præfectus
et Ædiles
decreverunt anno
M. DCC. XLVIII.
Posuerunt anno M. DCC. LXIII.

On y lisait encore plusieurs autres inscriptions du même genre.

Cette statue a été renversée le 11 août 1793. Cette place devait avoir deux jets d'eau, à 60 mèt. (30 t.) chacun de la statue. Voici une anecdote que nous croyons devoir rapporter. La dernière année du règne de Louis XV, un particulier eut la témérité de monter sur le cheval de bronze : il banda les yeux au roi, et lui mit un cordon en écharpe, au bout duquel était un tronc en fer-blanc, il lui avait placé sur la poitrine, une inscription portant ces mots : *N'oubliez pas ce pauvre aveugle*. On disait, à cette époque, que le roi n'avait d'autres volontés que celles de la Dubary, qu'on accusait de contribuer à ruiner les finances

finances de l'état, tant par les dépenses extraordinaires qu'elle faisait, pour elle-même que pour enrichir sa famille et soudoyer des courtisans. La statue équestre de Louis XV fut remplacée par une monstrueuse statue en plâtre, représentant la Liberté, dont les pieds ont été arrosés du sang d'un grand nombre de victimes. Cette statue fut démolie an l'an 8 (1800). Cela nous rappelle un fait qui nous est personnel : En passant sur cette place en 1794, un étranger nous demanda ce que représentait cette statue : nous lui dîmes qu'elle était l'emblème de la Liberté ; il nous répondit aussi-tôt : *Ce ne peut être qu'une Liberté provisoire*. On avait aussi élevé sur cette place une montagne à Marat. En 1792, on y a célébré une fête en mémoire de la liberté de la Savoie. Un monument doit être élevé au milieu de cette place ; on ignore quelle en sera la forme.

Champs-Elysées.

On a placé à l'entrée des Champs-Élysées deux groupes de marbre blanc, représentant deux chevaux fougueux retenus par deux hommes : ces deux groupes, tirés du château de Marly, sont généralement estimés, tant pour la beauté de l'exécution que pour le mérite des formes. On arrive sur cette place par six avenues, dont les deux principales ont 49 mèt. (25 t.) de large. Celle qui répond à la grande allée des Tuileries traverse les Champs-Élysées, qu'elle partage presque en deux parties égales, et va aboutir au pont de Neuilly, qui est sur la même ligne ; de manière que, depuis le palais des Tuileries jusqu'à Neuilly, la vue n'est interrompue par aucun objet : il serait difficile de trouver dans le monde un point de vue plus beau. L'agrément des plantations des Champs-Élysées, leur immense étendue, les cafés qui y sont distribués, y attirent dans la belle saison un grand concours de monde. Ce vaste quinconce a été planté vers l'an 1760 pour accompagner la place de la Concorde. Traversé par la route de St.-Germain, il est bordé à droite par de jolies maisons : plusieurs places régulières, propres à différens exercices, y sont en outre dessinées.

Dans la belle saison, les Champs-Elysées sont fréquentés par des rentiers et autres qui jouent à la boule et à la paume.

ÉVÉNEMENS

Qui ont eu lieu, depuis le 31 mai 1790, sur la place de Louis XV, dans le jardin et le palais des Tuileries, sur la place de la Réunion (ci-devant du Carrousel), et aux Champs-Élysées.

Les grands événemens et les circonstances remarquables qui ont eu lieu sur la place de Louis XV, dans le jardin et le palais des Tuileries, sur la place du Carrousel et aux Champs-Élysées, méritent d'être consignés dans cet ouvrage.

Ce fut sur la place de Louis XV que fut tiré, le 30 mai 1770, ce fameux feu d'artifice qui causa la mort de plus de six cents personnes, et changea en une nuit de deuil et de douleur une nuit consacrée aux fêtes et aux réjouissances publiques, à l'occasion du mariage de Louis XVI, alors dauphin. Ce terrible événement fut dû à l'imprudence de la police, qui permit aux personnes en voiture de se promener au milieu de la multitude qui était à pied. Cette fête, troublée par le plus grand des malheurs, sembla présager des événemens funestes pour Louis XVI.

C'est du jardin des Tuileries que, peu

d'années avant, Charles et Robert physiciens, partirent dans un ballon: le concours des curieux était si considérable, qu'on payoit six francs une chaise qui ne valait pas 10 sous. L'un des voyageurs fut victime de cette expérience.

A l'époque de 1789, le roi avait fait venir beaucoup de troupes à Versailles et aux environs de Paris, et plusieurs régimens étaient casernés à l'École militaire. On faisait courir différens bruits alarmans. Mirabeau, comme député de l'assemblée nationale, adressa un discours au roi pour le renvoi des troupes; plusieurs régimens faisaient des patrouilles dans Paris. Le 12 juillet 1789, le prince Lambesck, à la tête de son régiment, qui était en station sur la place Louis XV, entra à cheval avec plusieurs soldats dans le jardin des Tuileries pour arrêter des particuliers qui, disait-il, avaient tenu des propos et jeté des pierres sur sa troupe: l'un d'eux fut renversé par le cheval du prince Lambesck, et reçut des coups de sabre; ce qui jeta l'alarme parmi tous ceux qui se promenaient aux Tuileries et, par suite, dans tout Paris. Pendant la nuit, on pilla les boutiques des armuriers; la troupe fut attaquée et battue. Le lendemain, on enleva 30 mille fusils et 6 pièces de canons aux Invalides, et le 14 juillet on fit le siége de la Bastille. (Voyez *Invalides* et *Bastille.*) Le 6 octobre de la même année, d'après des bruits répandus qu'on devait enlever le roi à Versailles pour le conduire à Metz, le peuple de Paris se porta à Versailles avec un grand nombre de canons; le conseil municipal enjoignit à M. de la Fayette de se mettre à la tête de cette multitude. Plusieurs gardes-du-corps furent tués; on fit consentir le roi à donner son acceptation à la déclaration des droits de l'homme et aux dix-neuf articles qui lui avaient été présentés. Le peuple lui témoigna le désir de le voir quitter Versailles pour venir fixer son séjour à Paris, au château des Tuileries. Louis XVI céda à l'invitation des Parisiens. Il crut devoir, pour sa sûreté, faire poser une grille du côté du Pont-Royal, et une du côté des Champs-Élysées: il y avait, à cette époque, un pont-tournant qui servait aussi de défense. Le roi était bien éloigné de croire qu'il serait un jour attaqué du côté de la place du Carrousel. Le 20 mai 1790, Louis XVI passa en revue, aux Champs-Élysées, toute la garde nationale parisienne. Le 28 février 1791, on arrêta dans le château des Tuileries beaucoup d'individus attachés à la cour, qui étaient munis de poignards pour, disaient-ils, *défendre le roi*. Sous le règne de l'assemblée nationale, qui occupait la salle dite *du Manege*, où l'on a percé une belle rue qu'on nomme rue de Rivoli, à côté de la terrasse des Feuillans, aujourd'hui terrasse de Rivoli, on a vu en 1790, pendant plusieurs jours, le long de cette terrasse, un cordon de soie entrelacé aux arbres, avec cette inscription sur des feuilles de papier: *Citoyens, n'allez pas dans la Forêt noire*. Cela voulait dire: *Ne vous promenez pas dans le jardin avec les individus attachés à la cour*. La terrasse des Feuillans était encombrée par une multitude qui se ralliait à l'assemblée nationale, et on n'apercevait pas deux personnes dans le jardin. C'est aussi dans ce jardin que l'abbé Maury, menacé d'être mis à la lanterne, répondit avec sang-froid: *Quand vous m'aurez pendu à une lanterne, y verrez-vous plus clair?* Cette réponse déconcerta la multitude. Le 21 juin 1791, Louis XVI et sa famille s'évadèrent du château à minuit. Ils furent arrêtés à Varennes. Ils revinrent le vingt-cinq du même mois; ils étaient accompagnés de trois membres de l'assemblée nationale, Pétion, la Tour-Maubourg et Barnave. Le 18 septembre 1791, le roi donna une fête des plus brillantes dans le jardin des Tuileries pour célébrer l'achèvement de la constitution : les illuminations étaient en bougie. La ville de Paris donna aussi, pour les mêmes motifs, une fête d'une grande magnificence, aux Champs-Élysées. Le 20 juin 1792, les habitans des deux faubourgs St.-Antoine et St.-Marceau, armés de fusils et de plusieurs pièces de canon, forcèrent la garde du château, et montèrent en masse dans les appartemens du roi avec une pièce de canon sur leurs épaules. Cette multitude exigea de Louis XVI la promesse de sanctionner le décret contre les prêtres : le roi le promit. L'un des insurgés mit le bonnet rouge sur la tête du roi, et lui présenta une bouteille en lui disant: *N'aie pas peur; bois à la santé des Sans-culottes* Ce que le roi fit en répondant : *Je n'ai pas peur, et, pour preuve, mettez la main sur mon cœur.* Les habitans de ces faubourgs traversèrent les appartemens devant la famille royale : la reine leur présenta le dauphin. Le 10 août de la même année, un grand rassemblement armé qui avait à sa tête des détachemens de Marseillois et de Bretons, fit le siége du château. Le régiment suisse fit résistance ; mais la victoire fut du côté des assiégeans : on mit le feu aux petits bâtimens des concierges, qui formaient l'avant-cour du château. La famille royale se réfugia dans le sein de l'assemblée législative. Le 13 août, cette famille fut renfermée dans la tour du Temple : peu de temps après, la convention nationale fit une cérémonie funèbre dans le jardin des Tuileries, en mémoire des citoyens morts dans la journée du 10 août. Le 2 pluviose an 1er (21 janvier 1793), Louis XVI fut décapité sur la place de Louis XV, derrière la statue de la liberté. Marie-Antoinette d'Autriche, son épouse, éprouva le même sort le 30 vendémiaire an 2 (17 octobre 1793), mais devant la statue, ainsi que tous ceux qui ont péri sur cette place. Le dauphin est mort dans la prison du Temple. Mme Elisabeth, sœur du roi, a eu la tête tranchée sur la place Louis XV, le 21 floréal an 2 (12 mai 1794). Le duc d'Orléans y a aussi terminé sa carrière. Le 19 floréal an 1er (10 mai 1793), la convention nationale s'installa au château des Tuileries, dans la salle qu'on lui avait préparée. Le 31 mai de la même année, il y eut une insurrection dans le sein de la convention de la part du parti dit *de la Montagne* contre les *Brissotins*. Des rassemblemens armés traînant à leur suite des pièces de canon, des forges et des boulets, s'étaient réunis du côté de la place du Carrousel et de la place de Louis XV. qui se nommait alors place de la *Révolution*. Le parti de la montagne triompha, et aussitôt décréta d'arrestation 73 députés dont quelques-uns périrent. Le 20 prairial an 2 (11 juin 1794), on célébra, pour la première fois, dans le jardin des Tuileries, une fête à l'Être Suprême ; on fit construire un amphithéâtre contre le château, sur lequel étaient tous les membres de la convention nationale, présidée par Robespierre : ils se rendirent de là au Champ-de-Mars. Cette cérémonie religieuse était de l'invention de Robespierre. Le 9 thermidor an 2 (2 août 1794), les partisans de Robespierre et les membres de la commune de Paris dirigèrent une insurrection contre la convention ; des pièces de canon étaient braquées en face du château des Tuileries : mais Robespierre, et plusieurs autres députés ; Henriot, commandant de Paris, et soixante membres de la commune, furent mis hors de la loi, et exécutés sur la place Louis XV (voy. *Hôtel-de-Ville*), quoiqu'on eût cessé les exécutions sur cette place depuis le 25 prairial, et qu'elles se fissent alors à la barrière du Trône, faubourg St.-Antoine. Le 1er prairial an 3 (20 mai 1795), un rassemblement armé sur la place du Carrousel envoya une députation à la convention pour lui demander, au nom des *habitans du faubourg St.-Antoine* et des *Sans-culottes*, un décret pour prohiber l'argent, et la mise à exécution de la constitution dite *de 1793*, qui avait été suspendue par le gouvernement révolutionnaire. Cette insurrection était dirigée par un petit nombre de députés de la convention nationale contre les autres députés ; ils furent arrêtés et condamnés à mort. On désarma le faubourg St.-Antoine. Des femmes et des hommes forcèrent l'entrée de la salle de la convention, et le député Ferraud fut assassiné. Le 14 du même mois la convention lui rendit les honneurs funèbres. Le 13 vendémiaire an 4 (5 octobre 1795), il y eut un combat entre la garde nationale parisienne et la troupe de ligne qui était campée dans le jardin des Tuileries pour la défense de la convention, menacée d'une insurrection dirigée par toutes les sections de Paris : la garde nationale fut repoussée. L'artillerie qui la repoussa était placée dans la petite rue nommée *cul-de-sac dauphin*, et depuis rue de la convention, le feu en était dirigé sur les marches de St.-Roch et la rue neuve de ce nom. C'est encore dans la salle du château des Tuileries que, le 6 brumaire an 4 (28 octobre 1795), la convention nationale s'est organisée en corps législatif. Les membres des cinq-cents se rendirent à l'ancienne salle du Manége ; le conseil des anciens resta dans la salle du château ; et, le 10 brumaire suivant, le conseil des anciens nomma membres du directoire exécutif les citoyens Reveillère-Lépeaux, le Tourneur (de la Manche), Rewbell, Sieyes et Barras, et, sur le refus de Sieyes, le conseil nomma Carnot. C'est dans la même salle que le conseil des anciens décréta, aux termes de la constitution, le 17 brumaire an 8 (8 novembre 1799), que le corps législatif irait siéger au château de St.-Cloud.

Cours-la-Reine, ou *Petit-Cours*, sur les bords de la Seine, le long des Champs-Élysées. Cette promenade fut plantée en 1628 par la reine Marie de Médicis. Son étendue, le long de la Seine, est d'environ 1540 pas; elle n'est séparée de cette rivière que par la grande route de Versailles. Cette promenade serait très-agréable, si la poussière qui s'élève continuellement de cette route bruyante, ne la rendait presque inhabitable pendant la plus grande partie de l'année.

Palais du Corps Législatif (ci-devant *palais Bourbon*).

Le palais du corps législatif fut construit en 1722, sur les dessins de Girardini, architecte italien, et de Lassurrance, continué par Jacques-Gabrielle Père, et lorsque le prince de Condé en eut fait l'acquisition, Barreau et le Carpentier y firent exécuter de grandes augmentations. Ce palais a coûté des sommes immenses. L'intérieur des appartemens était d'un luxe asiatique, tant par l'architecture que par la beauté des meubles. A l'époque de la révolution, il restait encore beaucoup de travaux à faire.
Cette

Cette construction à la romaine n'a qu'un rez-de-chaussée : tout y annonce un air de grandeur et de magnificence. Une vaste demi-lune qu'on nomme *place du palais du Corps Législatif*, précède l'entrée principale de ce palais : c'est un arc de triomphe d'une ordonnance corinthienne, accompagnée de galeries en colonnes isolées, portant des voussures ornées de caissons entre deux pavillons. Cette disposition présente une entrée imposante. La colonnade à gauche et à droite de la cour, et qui forme péristile pour entrer dans les appartemens, ne le cède en rien aux plus beaux palais de l'Italie. La salle d'assemblée du corps législatif est très-belle; elle est ornée de figures en marbre. Le côté qui donne sur la rivière, et qui est nouvellement construit, est du plus mauvais goût : on n'a pas su tirer parti de cette avantageuse situation en face du pont et de la place de la Concorde : la terrasse règne le long de la rivière et en face des Champs-Elysées.

Palais du Sénat (ou *du Luxembourg*).

Le palais du sénat conservateur (ci-devant du Luxembourg) fut commencé en 1615, par Marie de Médicis, veuve de Henri IV, qui le fit construire tout entier en moins de six ans, sur le modèle du palais *Piti*, des ducs Toscans, à Florence, sous la direction de Jean de Brosse, le plus fameux architecte de son temps. Marie de Médicis avait acquis du duc de Pinci-Luxembourg son hôtel et ses dépendances, pour la somme de 90,000 liv. Le palais du sénat conservateur est, après celui du Louvre, le plus vaste de Paris; il est sur-tout distingué par son architecture d'un caractère mâle, par la régularité et la beauté de ses proportions. La façade qui est du côté de la rue de Tournon forme une terrasse ornée de balustres, au milieu de laquelle s'élève un pavillon terminé par un dôme avec sa lanterne. Ce pavillon est composé des ordres toscan et dorique, l'un sur l'autre, et entouré de plusieurs statues. Cette terrasse se termine des deux côtés par deux gros pavillons carrés. Chacun de ces pavillons est décoré d'une statue.

et ils sont tous deux joints au grand corps de logis par des galeries soutenues chacunes par neuf arcades qui éclairent de larges corridors très-bien voûtés.

Louis XVI avait donné le Luxembourg à Monsieur, qui l'habitait à l'époque de la révolution ; il fit rétrécir le jardin, et vendit la portion de terrain qui est du côté des carmes.

Le directoire exécutif, qui l'a habité pendant cinq ans, avait commencé à le faire restaurer intérieurement et extérieurement : il n'y avait d'habitable que le petit Luxembourg.

Il avait aussi commencé une nouvelle plantation.

Le sénat a fait démolir tous les bâtimens qui dégradaient la majesté de ce superbe monument.

On peut entrer dans ce palais tous les lundis, mardis et dimanches.

On a fait aussi de grands changemens dans sa distribution intérieure.

Un grand escalier s'annonce majestueusement. L'architecture des ornemens est bien ordonnée.

La première salle du Muséum du sénat conservateur renferme les vues de tous nos ports de mer, peints par Vernet et Hue: ces tableaux étaient auparavant chez le ministre de la marine. La seconde salle contient les ouvrages de Raphaël, de Rubens, du Corrège et du sénateur Vien; la troisième, les tableaux de le Sueur, c'est-à-dire, la fameuse suite qui était au cloître des Chartreux. Au milieu de la salle on voit le buste de ce Raphaël des Français, élevé sur un piédestal.

La galerie de Rubens est rétablie.

On a exposé dans d'autres pièces plusieurs autres tableaux précieux, tels que

La *Sainte Famille*, par Raphaël; *Danaé*, par le Titien.

Le *Repas chez Simon le pharisien*, par Philippe de Champagne.

La *Vierge plongée dans la douleur*, par le même.

La *Cène*, idem.

Une *petite fille* joignant les mains, *id.*

Un *Christ*, idem.

Deux *petites marines*, par Van-den-Velde.

Idem, par Vliger.

Une *Forêt* bordée d'une rivière où l'on voit des pêcheurs et autres, par Herman Wanevelt.

Les *Pèlerins d'Emmaüs*, par Rembrandt.

Un *Concert*, par Brekelenkamp.
La *Leçon de musique*, par Terburg.
Abraham renvoyant Agar, suivie de son fils Ismael, par Van-Balen.
Des *Chasseurs*, par Wouvermans.

GALERIE de RUBENS, composée de :

1. La *Destinée de Marie de Médicis*.
2. La *Naissance*, de cette princesse le 26 avril 1573 à Florence.
3. *Education de Marie de Médicis*.
4. sont *Portrait*, envoyé à Henri IV.
5. *Mariage de Marie de Médicis avec Henri IV*.
6. *Débarquement de Marie de Médicis au port de Marseille*, le 3 novemb. 1600.
7. Son *Mariage avec Henri IV*, accompli Lyon le 9 décemb. 1600.
8. *Naissance de Louis XIII* à Fontainebleau, le 27 novemb. 1601.
9. *Henri IV partant pour la guerre d'Allemagne*.
10. *Apothéose de Henri IV*; *Régence de Marie de Médicis*.
11. *Gouvernement de la reine*.
12. *Voyage de Marie de Médicis au pont de Cé*, en Anjou.

13. *Echange des deux princesses.*
14. *Félicité de la régence.*
15. *Majorité de Louis XIII.*
16. *La reine s'enfuit du château de Blois.*
17. *Réconciliation de Marie de Médicis avec son fils.*
18. *Conclusion de la paix.*
19. *Entrevue de Marie de Médicis avec son fils.*
20. *Le temps découvre la vérité.*
21. Portrait de *François de Médicis*, grand-duc de Toscane, père de Marie de Médicis.
22. Portrait de *Jeanne d'Autriche*, grande duchesse de Toscane, fille de l'empereur Ferdinand, mère de Marie de Médicis.
23. Portrait de *Marie de Médicis*, sous la forme de Bellone, entourée des atributs de la guerre.
24. *Jugement de Pâris.*

Le plafond de cette galerie est orné de douze tableaux qui représentent les signes du zodiaque, peints par *Jordaëns*, flamand.

Le tableau du centre représente le lever de l'Aurore, par *Callet*, peintre vivant.

Les ornemens qui décorent le plafond sont exécutés par M. *Chalgrin.*

On voit encore dans la galerie de *Rubens*,

L'*Adoration des Mages*, par Nicolas Poussin.

Louis XIII couronné de lauriers, couvert de son armure, etc. par Vouet.

Un *Hermite endormi*, par Vien.

Le superbe tableau de *Brutus, rentré dans ses foyers après avoir condamné à mort ses deux fils,* par David, peintre vivant.

Le *Serment des Horaces*, du même peintre.

Œdipe abandonné sur le mont Cithéron: les figures de ce tableau sont de Lethier; et le paysage, de Bidaut, peintre vivant.

GALERIE de *le Sueur.*

Il était fils d'un sculpteur, originaire de Montdidier : il naquit à Paris en 1617, et mourut en cette ville en 1655, à l'âge de 38 ans.

La reine mère chargea ce célèbre peintre de peindre l'histoire de Saint-Bruno, fondateur de l'ordre des Chartreux, pour en décorer le cloître du monastère de Paris. Il commença cet ouvrage en 1648, et le distribua en vingt-quatre tableaux, qu'il peignit sur bois, et qu'il acheva en trois ans.

On admire dans ces tableaux la vérité avec laquelle il a peint le caractère d'austérité des cénobites qui figurent dans cette précieuse collection.

GALERIE de *Vernet*.

On voit dans la première pièce des ports de France, par J. J. Hue, peintre vivant;

SAVOIR,

Vue de la *Rade de Brest*.
2.ᵉ Vue de l'*intérieur du port*, idem.
3.ᵉ Vue de l'*intérieur du port de Brest*.
4.ᵉ Vue de la *ville et de la rade du port St.-Malo*, prise de l'anse des Sablons.
5.ᵉ Vue du *port de Lorient*.
6.ᵉ Vue de la *ville et du port de Granville* assiégée par les Vendéens.
7.ᵉ Vue et prise de l'*île de la Grenade*, par le comte d'Estaing, en juillet 1779.
8.ᵉ *Combat* qui a assuré la conquête de l'île de la Grenade, livré le 6 juillet 1779, par le comte d'Estaing.
9.ᵉ *Combat mémorable* du 24 frimaire an 7 (14 décembre 1798) de la corvette

française *la Baïonnaise*, prenant à l'abordage la frégate anglaise l'*Embuscade*.

2.ᵉ PIÈCE.

Toutes les vues des différens ports de France peints par Vernet, né à Avignon le 14 août 1774, mort à Paris le 3 décemb. 1789 ;

SAVOIR,

Vue de l'entrée du *port de Marseille*, prise de la montagne appelée *Tête-de-More*.
Vue de l'intérieur du *port de Marseille*, prise du pavillon de l'horloge du parc.
Vue du *port de Cette* en Languedoc, prise du côté de la mer, derrière la jetée isolée.
Vue de la *rade de Toulon*.
Vue du *pont neuf de Toulon*.
Vue de la *rade d'Antibes*.
Vue de la *ville et du port de Dieppe*.
Vue du *port de la Rochelle*, prise de la petite rive.
Vue du *port de Rochefort*.
96.ᵉ vue de la *ville et du port de Bordeaux*, prise du côté du château Trompette.

Vue *idem* du côté des Salinières.

Vue de la *ville* et du *port de Baïonne*, prise de l'allée de Boufflers, près la porte de Mousserolle.

Vue de la *ville* et du *port de Baïonne* prise de la mi-côte des Salinières.

Vue du *golfe de Bandol*, et de la pêche du thon.

Le plafond est peint par Barthélemy, natif de Laon ; il représente le génie victorieux de la France. Auprès de l'histoire, on remarque les bustes de Vernet et de J. J. Rousseau.

Dans la voussure de ce plafond, décorée d'après les dessins de M. Chalgrin, on voit quatre bas-reliefs, qui représentent 1.º l'agriculture ; 2.º l'instruction publique ; 3º. les fruits de la victoire ; 4.º le commerce et l'industrie.

SCULPTURES EN MARBRE.

Psyché et l'*Amour*, groupe exécuté à Rome.

Psyché abandonnée, par Pajou, sculpteur vivant.

Bacchus et *Ariane*, par l'Augé, sculpteur vivant, natif de Toulouse.

L'*Amitié*, ouvrage florentin.
Diane prête à entrer au bain, sculpté par Allegrin.
Vénus sortant du bain, par le même auteur.
Le *buste de Rubens*, par M. Stouf.
Le *buste* d'Eustache le Sueur.
Le *buste de Vernet*, par Boissot.
Un *buste de Vestale*, par Houdon, sculpteur vivant.
Un *faune couché*, fait à Rome, par Sergel, premier sculpteur du roi de Suède.
Un *centaure*, par le même.

BUSTES copiés d'après l'antique.

Un *Sénèque*, un *Homère*, une *vestale*, et la jeune *Faustine*.
On voit dans la rotonde une *baigneuse*, sculptée par Julien, sculpteur vivant, né à St.-Paulien, et membre de l'Institut.
Les jours d'entrées des galeries pour le public sont le dimanche et le lundi de chaque semaine ; et tous les jours, excepté le samedi, pour les étrangers, sur la présentation de leur passeport.
On doit y placer la bibliothèque de

l'Arsenal : elle sera ouverte au public. La plantation du jardin est totalement achevée sur de nouveaux dessins, et embellie par un grand nombre de statues. On a pris une partie du terrain des ci-dev. Chartreux et le jardin de l'hôtel de Vendôme pour augmenter ce jardin. On pratique une route et un point de vue jusqu'aux nouveaux boulevards. Ce jardin est actuellement une des plus belles promenades de Paris. Le palais du Luxembourg a servi de prison, pendant les années 1793 et 1794, à plus de trois mille individus des deux sexes.

On doit à M. Chalgrin, architecte, une partie des embellissemens de ce palais, qu'il n'aurait peut-être pas dû faire regratter à l'extérieur ; cela n'ajoute rien à la beauté de l'architecture. Si on ne connaissait pas la probité et le désintéressement de M. Chalgrin, on pourrait lui dire ce que le comte de Boulainvilliers, intendant des bâtimens du roi, disait à un architecte qui proposait de gratter le château des Tuileries et le Louvre: *vous voudriez, monsieur, gratter un peu trop les coffres du roi.* On pourrait peut-être encore reprocher à M. Chalgrin d'avoir gâté la majesté du milieu de la façade

façade du côté du jardin en supprimant les deux belles terrasses pour en faire des appartemens. Ce qu'il y a de ridicule, c'est la hauteur des croisées, qui n'est pas proportionnée avec la porte d'entrée : il semble qu'on ait voulu spéculer sur les logemens, comme si c'était un hôtel garni. La méridienne et les trois figures de chaque côté sont d'un genre tout-à-fait mesquin.

Celles du frontispice dans la cour sont d'*Espercian* ; celles du côté du jardin sont de *Cartellier*.

On voyait, avant la révolution, sur le perron de la cour au jardin, quatre statues représentant des rois, et sur les deux ailes du pavillon d'entrée Marie de Médicis et Henri IV.

Le jardin est très-beau et bien soigné. On aurait dû supprimer les cinq petits jardins que les membres du directoire avaient fait faire aux depens du grand jardin. Ces gouvernans devaient savoir que celui qui plante, souvent plante pour autrui.

On dispose dans ce beau palais un superbe logement pour Joseph Bonaparte, nommé par le sénatus-consulte *prince français* et *grand électeur de l'empire*.

Le petit Luxembourg, où était le directoire, fut bâti par le cardinal de Richelieu pour la duchesse d'Aiguillon. Monsieur, frère de Louis XVI, avait fait construire une jolie petite maison, avec un jardin anglais, pour la comtesse *de Balbi* sa maîtresse : le directeur Barras a occupé ce local. On voit dans le jardin du Luxembourg un bassin carré qui produit un bel effet, ainsi que la fontaine qui est à gauche du jardin et et qui est adossée au mur de l'église du ci-devant séminaire St.-Louis. Nous féliciterons M. Chalgrin d'avoir fait restaurer cette superbe fontaine regardée à juste titre comme un chef-d'œuvre.

Les statues du jardin sont : Les Lutteurs. * Psyché et l'Amour, Vénus et l'Amour, par *Pigalle* ; deux figures couchées, de *Lange* ; Junon.* Bacchus, par *Deseine* ; Hébé, par le même. Silène. * Vulcain, par *Bridan* père ; deux Bacchus. Mercure. *. Pomone, l'Hiver, par *Caffiéri* ; Cérès, l'Amitié montrant son cœur ouvert : Flore, Vénus Médicis. * Diane. * Cérès * Commode. * Le Gladiateur de Borghèse, par *Diard.* Diane *; deux autres Vénus, * etc.

(*L'astérique signifie copie d'après l'antique*).

Le grand nombre de petits vases garnis

de fleurs qu'on voit dans ce jardin lui donnent l'air d'un parterre de petite maîtresse.

La nouvelle grille qui fait face aux petits boulevards produit un bel effet, ainsi que la superbe pépinière formée sur l'ancien terrain des Chartreux.

On respire dans le Luxembourg un air très-pur; mais on regrette d'être obligé d'en sortir de trop bonne heure, sur l'invitation très-honnête de particuliers en habit bleu galonné, avec chapeau à large galon d'argent, et munis d'un sabre. Il y a un café dans le milieu de ce jardin, et un autre en dehors la porte du côté de la rue de Vaugirard, il a vue sur le jardin.

Le Luxembourg est fréquenté par un grand nombre d'ecclésiastiques, de gens de lettres, artistes, bourgeois des environs, et beaucoup de bonnes avec de petits enfans; une femme seule peut s'y promener sans y être suspecte.

Rue d'Enfer, n.° 30.

On voyait dans l'emplacement des ci-devant Carmélites un couvent que l'on faisait remonter au roi Robert. Selon quelques-uns il avait remplacé un temple de Cérès, ou selon d'autres, de Mercure. On voyait jadis sur le pignon une figure qui passait pour un Mercure *Teutatès*. L'église et le couvent ont disparu pendant la révolution.

On montre encore dans les jardins, appartenans aujourd'hui à divers particuliers, un caveau antique, découvert en 1630, où furent trouvées plusieurs figures. Précédemment on avait déterré tout auprès quelques tombeaux, dont l'un portait cette inscription :

VIBIUS HERMES ex voto. V.

Palais de Justice.

L'origine de cet édifice remonte au commencement de la monarchie française : on ignore absolument l'époque de sa fondation. Au commencement du 6.ᵉ siècle, il y avait un palais dans le même endroit. C'était un assemblage de grosses tours qui communiquaient les unes aux autres par des galeries. Son jardin, qu'on appelait le *Jardin du Roi*, occupait tout le terrain où sont aujourd'hui les cours Neuve et de Lamoignon, et toutes les maisons qui les environnent bâties en briques. Saint Louis habita ce palais, y fit faire de grandes réparations, et l'augmenta de la Ste.-

Chapelle, de la pièce qu'on appelle encore la *Salle de St.-Louis*, et de la salle qu'on nomme la *Grand' Chambre*. Philippe le bel le fit presqu'entièrement reconstruire en 1383. Le roi Charles V y demeurait. Charles VII l'abandonna entièrement au parlement en 1431. François I.er y a fait quelque séjour.

C'était dans la grande salle de ce palais que les rois recevaient anciennement les ambassadeurs, qu'ils donnaient des festins publics, et que l'on faisait les noces des enfans de France : elle était ornée des statues de tous les rois de France, depuis Pharamond, sous chacune desquelles était une inscription. Au mois de mars 1599, le parlement fit faire un montoir de pierre dans la cour dite *du Mai*, pour que les anciens présidens et conseillers pussent remonter plus aisément sur leurs chevaux, ou sur leurs mules. En sortant de l'audience un conseiller offrait alors la croupe de son cheval à son confrère, comme on offre aujourd'hui une place dans son carrosse. Il nous paroîtrait à présent fort singulier de voir des magistrats en robe et en bonnet sur la même monture comme les fils Aimon.

Un incendie a consumé entièrement

cette magnifique salle, ainsi qu'une partie des bâtimens du palais, le 7 mars 1618. Jacques des Brosses, architecte, fut choisi pour la reconstruire. Un autre incendie, en 1776, détruisit toute la partie du palais qui s'étendait depuis l'ancienne galerie des prisonniers jusqu'à la Ste.-Chapelle. Louis XVI fit tout réparer avec magnificence en 1787. Une rue étroite et obscure a été élargie et décorée de bâtimens modernes et uniformes ; au lieu de deux portes sombres, resserrées et gothiques, il y a une grille de 39 mètres (20 toises) d'étendue, à travers laquelle on voit une vaste cour formée par deux ailes de bâtimens, et par une façade majestueuse qui offre l'entrée du palais. La grille s'ouvre par trois grandes portes remarquables par leur richesse et leur décoration : celle du milieu est chargée de dorure ; elle a pour amortissement un globe accompagné de guirlandes et autres ornemens.

La façade du palais offre un perron de 5 mètres 3/4 (17 pieds) de haut, et par lequel on monte aux galeries. Des deux côtés, sont deux arcades ornées de refends. L'avant-corps du milieu est orné de quatre colonnes; au-dessous de l'entablement règne une balustrade; au milieu s'élève un dôme carré, à la naissance duquel est placé un groupe en pierre, qui représentait autrefois les armes de France. Les quatre statues qui sont placées à l'aplomb des colonnes représentent la force, l'abondance, la justice, la prudence; trois portiques servent d'entrée. La grande salle est digne de la grandeur des Romains; elle est unique en France.

Le 15 octobre 1787, le parlement de Paris fut transféré à Troyes pour avoir refusé d'enregistrer les édits bursaux, dont nous avons déjà parlé à l'article *Pont-Neuf*; le 20 septembre de la même année, le roi rétablit le parlement à Paris.

Les cours de cassation, d'appel, de justice criminelle, et le tribunal de première instance, siégent au Palais de Justice. Sous les voûtes de ce palais sont les prisons pour les accusés dont on instruit le procès. C'est dans la grand'chambre qu'occupoit le parlement que le fameux tribunal révolutionnaire a siégé. C'est aussi dans cette chambre que le capitaine d'Agoust est venu enlever, par ordre du roi, au milieu de toutes les chambres du parlement assemblées, les deux conseillers Duval d'Esprémenil et Goeslard, le 5 mai 1788. Ce capitaine d'Agoust était à la tête de 900 gardes-françaises, la baïonnette au bout du fusil : ils occupaient toutes les issues du Palais, et fermèrent toutes les grilles extérieures : les deux conseillers ne se rendirent que le lendemain matin à 11 heures. Le 8 mai, le roi tint un lit de justice à Versailles, et fit enregistrer d'autorité un édit portant établissement d'une cour plénière. Le 8 août, arrêt du conseil qui suspendit l'établissement de la cour plénière jusqu'à la tenue des états-généraux, qui était fixée au 1er mai 1789. Le 23 septembre 1788, le roi rétablit le parlement et toutes les autres cours du royaume et annonça la tenue des états-généraux. Le parlement de Paris, en enregistrant cet édit, dit dans son arrêt qu'il ne cessera jamais de réclamer pour que les états-généraux soient régulièrement convoqués et composés *suivant* la forme observée en 1614 ; mais M. Necker obtint du roi, pour le tiers-état, qu'il aurait un nombre de députés égal à celui des deux ordres du clergé et de la noblesse. Il y avait, à l'époque de la révolution, dans la grande salle du Palais, des boutiques de libraires adossées à chaque pilier; dans les autres galeries, des marchandes de modes, etc. etc. Avant la construction des arcades du Palais ci-devant royal, le Palais de Justice était très-fréquenté dans les premiers jours de l'année; c'était une espèce de foire.

Les expositions des condamnés aux fers et à la détention se font en face de la grille du Palais de Justice.

La mairie de Paris fut installée, le 7 mai 1792, dans l'hôtel du premier président du parlement. C'est actuellement la résidence de la préfecture de police.

Sainte-Chapelle, à côté du Palais de Justice.

Cette chapelle fut fondée, comme nous l'avons déjà dit, par saint Louis, et bâtie en 1245. Boileau, dont les dépouilles sont au Muséum des monumens français, était enterré dans la chapelle basse. Dans la supérieure, se voyaient des reliques et le trésor. Plusieurs des pièces les plus curieuses sont au *cabinet* des *antiques*; entre autres, le vase d'agathe onix. Il ne reste plus, auque les voûtes et les vitraux.

On doit faire de cette chapelle un dépôt pour les archives nationales. Elle est disposée pour cette destination.

Ecole de médecine, rue des Cordeliers, faubourg Saint-Germain.

Ce superbe bâtiment est un monument unique en Europe : l'élégance et la majesté de l'ensemble se réunissent à la pureté des détails. Il a été élevé sous le règne de Louis XV, et achevé sous celui de Louis XVI, d'après les dessins de Gondoin, architecte du roi. La façade offre un péristile d'ordre ionique antique à quatre rangs de colonnes, sur 64 mètres (33 toises) de face, qui supportent un attique contenant la biliothèque et le cabinet d'anatomie, dans lequel on a réuni tous les instrumens connus dans l'art de la chirurgie. L'extérieur de l'amphithéâtre est décoré des ordres ioniques et corinthien. Au-dessus de ces ordres est un fronton orné d'un bas-relief qui représente la *Théorie* et la *Pratique* se donnant la main sur un autel. Cet am-

Tom. I.   290.

phithéâtre peut contenir 1200 personnes. Au-dessus du péristile est un bas-relief de 10 mètres (31 pieds) de longeur, sculpté par Berruer, où l'on voit le Génie de la France accompagné de Minerve et de la Générosité, offrant le plan de l'Ecole à la Chirurgie, suivie de la Prudence et de la Vigilance ; des groupes de malades remplissent l'arrière-plan du bas-relief : à gauche de la cour est une aile de bâtimens contenant plusieurs salles destinées à l'école pratique, aux séances académiques, à la chambre du conseil et aux archives. Dans la salle des cures on voit six figures représentant les différentes sciences médicinales personnifiées, etc. La nation et les arts peuvent se glorifier de ce superbe monument. Rien de plus curieux que la collection d'instrumens de chirurgie et d'anatomie, ainsi que la bibliothèque.

Place de l'Ecole de médecine.

Il manquait à l'Ecole de médecine une vaste et belle place, afin de pouvoir jouir de toutes les beautés de cet édifice : le gouvernement vient d'en ordonner l'exécution. Cette place sera construite sur le terrain de l'ancienne église des Cordeliers. On va réunir, en face de l'Ecole de médecine, les deux fontaines de la rue des Cordeliers. C'est dans le jardin des ci-devant Cordeliers que Marat fut enterré le 16 juillet 1793, après une pompe funèbre digne de ce temps et du sujet.

LA SORBONNE,
Rue de la Harpe.

Cette maison fut fondée par Robert *Sorbon*, aumônier et confesseur de Louis IX, et rebâtie depuis par le cardinal de Richelieu, qui y avait son mausolée : il est actuellement au Musée des monumens français, *rue des Petits-Augustins*. L'église, dont on voulut faire l'École normale, est aujourd'hui en ruines. Dans le caveau étaient les dépouilles de ce maréchal si fameux par sa bravoure, ses aventures galantes et les vers du poëte de Ferney.

Il y avait autrefois dans cette maison trente-six logemens pour les docteurs : ils servent actuellement à des artistes, qui ont remplacé les *doctores socii* ; et le pinceau crée en se jouant des Vénus et
des

des Amours dans le cabinet où le grave Coger enfantait laborieusement la censure de *Bélisaire* et des *Époques de la nature*.

Hôtel-de-Ville.

Situé sur la place de Grève, actuellement place de l'Hotel-de-Ville, cet édifice est un bâtiment gothique, commencé sur les dessins de Dominique Cortone, architecte italien, sous François Ier, qui en posa la première pierre le 15 juillet 1553 ; il ne fut achevé qu'en 1605. Les prévôts et échevins de la ville de Paris achetèrent en 1357 la maison de Grève pour la somme de 2880 livres : elle avait appartenu aux derniers dauphins du Viennois, et Charles V n'étant que dauphin y avait demeuré. C'est sur les ruines de cette maison et de plusieurs autres qui l'environnaient, qu'on construisit l'hôtel-de-ville. On voyait encore en 1791, au-dessus de la porte d'entrée, une statue équestre de bronze en demi-bosse, sur un fond de marbre noir, représentant Henri IV. Cette statue était de Pierre Biard, disciple de Michel-Ange, lequel avait voulu, dit-on, imiter le cheval de

Marc Aurèle, qui est au capitole de Rome. Au-dessous de la statue, on lisait ces mots : *Sub Ludovico magno felicitas urbis.* Sur le comble du bâtiment, entre deux pavillons, est une cloche qu'on appelle *tocsin*, qui, outre l'usage ordinaire, donne le signal et sonnait sans interruption pendant trois jours et trois nuits soit à la naissance des dauphins ou des héritiers présomptifs de la couronne, soit aux réjouissances publiques. L'horloge de l'hôtel-de-ville, décoré d'un superbe cadran d'émail, considéré comme un chef-d'œuvre, est du fameux le Paute. Au fond de la cour était une statue pédestre, en bronze, de Louis XIV, vêtu à l'antique, faite par Coyzevox; elle était élevée sur un piédestal de marbre blanc, et accompagnée d'ornemens. On y lisait cette inscription :

LUDOVICO MAGNO
victori perpetuo,
semper pacifico,
ecclesiæ et regnum dignitatis
Assertori
præfectus et Ædiles
Æternum hoc

*Fidei, obsequentiæ, pietatis
et memoris animi
monumentum posuerunt,*
Anno R. S. H. M. DC. LXXXIX.

La cour est assez belle, quoique très-petite et sombre; elle est entourée d'arcades qui soutiennent ce bâtiment. On y lisait trente inscriptions composées par André Philibien, relatives aux actions de Louis XIV. On remarquait autour de cette cour les portraits sculptés en médaillons des prévôts des marchands. En général cet édifice est d'un mauvais goût. La façade est très-mal tournée.

Il s'est passé de grands événemens dans cet hôtel et sur la place de Grêve pendant le cours de la révolution : nous ne rapporterons que les principaux. Les électeurs de Paris s'y sont assemblés en 1789. Le 14 juillet de la même année, M. de Flesselles, prévôt des marchands fut tué d'un coup de pistolet au coin du quai Pelletier ; le même jour, Delaunay, gouverneur de la Bastille, son major et son aide-major furent massacrés sur les marches de l'hôtel-de-ville, et plusieurs canonniers furent pendus à un réverbère que l'on voit au coin de la rue du Mouton, place de Grève, maison d'un épicier; le 15, M. Bailly fut nommé maire de Paris, et le marquis de la Fayette, commandant général de la milice nationale parisienne. Louis XVI se rendit à l'hôtel-de-ville, le 17 juillet; le maire y adressa un discours au roi; le 28, M. Foulon, et M. Berthier son gendre, furent massacrés, et aussi pendus au réverbère; le 30, M. Necker se rendit à l'hôtel-de-ville, et demanda aux électeurs, qui étaient alors tout-puissans, pour M. Bezenval, commandant pour le roi de la généralité de Paris, la permission de se retirer en Suisse, son pays: ce qui ne lui fut pas accordé. Le 21 octobre, toujours en 1789, les représentans de la commune organisèrent un comité de recherches. Les membres qui le composaient étaient: Agier, Lacretelle, Perron, Oudart, Garran de Coulon et Brissot. Le 26 décembre, Monsieur, frère du roi, se rendit à l'hôtel-de-ville, à l'occasion du marquis de Favras, arrêté la veille, et qui fut pendu sur la place de Grève, dans le mois de janvier 1790. Monsieur y prononça un discours; M. Bailly, maire, y répondit. Le 22 novemb. M. Duport Dutertre, substitut du procureur de la commune, reçut le compliment de sa nomination de garde des sceaux. — Le 17 juillet 1791, on exposa à l'une des croisées de la maison commune le drapeau rouge pour l'exécution de la loi martiale. Le 1.er octobre, le comité des recherches cessa ses fonctions. Le 14 nov. M. Bailly présenta au conseil général de la commune le nouveau maire, Pétion. Le 2 décembre, nomination de Manuel à la place de procureur de la commune, et le 8 déc. Danton est nommé son substitut. — Le 18 octobre 1792, Pétion fut réélu maire. Le 13 décemb. 1792, Chaumette fut nommé procureur de la commune, Réal et Hébert substituts, et Pache, maire de Paris. Le 21 floréal an 2 (9 mai 1794), Fleuriot, maire à la place de Pache. Robespierre se réfugia à l'hôtel-de-ville, le 9 therm. an 2 (juillet 1794); il y fut arrêté avec son frère et plusieurs autres. Mise hors de la loi d'un grand nombre de membres de la commune, ainsi que du maire, de l'agent national, et de Henriot, commandant de la garde nationale.

L'hôtel-de-ville, qui servait de maison commune, est actuellement la résidence de la préfecture du département de la Seine.

Observatoire.

L'observatoire, situé au haut du faubourg St.-Jacques, a été construit en 1667, par ordre de Colbert, sous la conduite de Claude Perrault, à qui l'on doit la belle colonnade du Louvre. Sa forme est rectangle : on n'a employé dans sa construcni bois ni fer. Ce bâtiment est voûté partout. Les quatre faces sont exactement placées aux quatre points cardinaux de l'horizon. Dans une grande salle, au premier étage, est tracée la ligne méridienne qui divise cet édifice en deux parties : c'est de là que, prolongée au sud et au nord, elle traverse toute la France. L'observatoire a encore servi à fixer la perpendiculaire élevée sur cette ligne méridienne. La ligne de la face méridionale de cet édifice se confond avec la perpendiculaire qui traverse la France d'orient en occident, depuis le Rhin jusqu'à l'extrémité des côtes de la ci-devant Bretagne. Ces deux lignes, qui se composent au milieu de cette face méridionale de l'Observatoire, ont servi de base à ces travaux immenses qui ont produit un monument unique, la Carte générale de la France, levée géométriquement ; et divisé en 190 feuilles. Une pièce de cet édifice est nommée la *salle des secrets*, parce qu'en appliquant la bouche à la rainure d'un pilastre, et parlant tout bas, la personne placée au pilastre opposé entend ce qu'on dit, tandis que les personnes qui sont au milieu n'entendent rien. Ce phénomène, dont le P. Kircher explique la cause, est commun à tous les édifices construits de cette manière. Sur le pavé d'une des salles de l'Observatoire on voit une carte universelle, gravée par Chazelles et Sedillon. On descend dans les caves par un escalier à vis de 360 marches, laissant à la place du noyau un vide qui correspond depuis le fond des souterrains jusqu'à la dernière voûte qui couvre cet édifice. Ces souterrains servent à plusieurs expériences météorologiques, et forment une espèce de labyrinthe où il serait très-dangereux de pénétrer sans guide. Cet édifice est destiné aux observations des astronomes : ils y ont une bibliothèque à leur usage. On y voit un télescope de vingt deux pieds de longueur, dont les verres sont de M. Carrocher, et la machine du mécanicien Trémel. Les curieux peuvent voir tous les jours l'Observatoire.

Il y a encore à Paris plusieurs observatoires beaucoup moins importans, tels que celui du collège de France, de l'hôtel Cluny, du Panthéon, de l'École militaire, et des ci-devant Capucins, rue St.-Honoré.

Ecole militaire.

Ce monument fut érigé en 1751 pour l'instruction de 500 enfans de gentils-hommes sans fortune; ils y recevaient la même éducation que celle que l'on donne maintenant au Prytanée. Cette maison est vaste et magnifique. Ce bâtiment, qui a une entrée en face du Champ-de-Mars, fut construit, par ordre de Louis XV, sur les dessins de Gabriel. L'architecture en est belle et noble. L'entrée principale est du côté de la ville, et s'annonce par une vaste cour environnée d'un grand corps-de-logis, et fermée par une longue grille. Les faces avancées des deux bâtimens latéraux sont ornées de deux frontons peints à fresque par Gibelin. Cette peinture, exposée à l'air, imite le bas-relief jusqu'à l'illusion. Celle à droite représente un athlète qui d'une main arrête un cheval fougueux, et de l'autre s'exerce dans l'art de l'escrime.

On voit dans le fronton qui est à gauche l'étude personnifiée, entourée des attributs de sciences et des arts. Les colonnes accouplées, d'ordre dorique, dont la seconde cour est décorée, produisent un bel effet qui annonce le caractère de cette maison. Cette ordonnance offre au centre un avant-corps de huit colonnes portant un fronton chargé de trophées. Au centre du grand corps-de-logis est le vestibule, à quatre rangs de colonnes d'ordre toscan, décoré de quatre niches renfermant, avant la révolution, les figures en pied du maréchal de Luxemboug, du vicomte de Turenne, du grand Condé et du maréchal de Saxe. Dans la salle du conseil, qui est au premier étage, on voit quatre tableaux représentant les batailles de Fontenoy, les siéges de Tournai, de Lawfeld et de Fribourg, et trois dessus de portes où sont peints les siéges de Menin, d'Ypres et de Furnes. La chapelle est ornée de peintures et de sculptures de la main des plus célèbres artistes. Le gouvernement vient d'y établir le bureau des longitudes, qui y a un observatoire. Une machine hydraulique fort simple donne de l'eau à toute cette maison, qui sert actuellement de casernes.

Champ-de-Mars.

Le Champ-de-Mars, en face de l'École militaire, est un terrain vaste et régulier, entouré de fossés revêtus en maçonnerie, et d'une terrasse en talus. Ce champ magnifique était destiné aux exercices militaires des élèves de l'ancienne École militaire, et aux revues des régimens des Gardes-Françaises et Gardes-Suisses. Ce terrain présente un parallélogramme régulier, qui depuis la façade de cette maison jusqu'à son extrémité, du côté de la rivière, a 874 mèt. (450 toises) de longueur. Sa largeur sans y, comprendre les fossés et les quadruples rangées d'arbres qui s'étendent de chaque côté, est de 291 mèt. (150 toises). C'est sur ce bel emplacement qu'a été construit en 1790 le plus vaste cirque qui existe au monde. Plus de 60 mille citoyens de tous les rangs, de toutes les classes s'y disputèrent les brouettes et les tombereaux qui servaient à conduire de la terre pour y former des talus. On voyait des évêques, des cordons bleus, des abbés, rouler des brouettes. On y a remarqué de petites-maîtresses qui ne craignaient pas d'altérer la douceur et la blancheur de leur mains en prenant part à ces travaux pénibles ; mais il s'agissait du pacte fédératif national, et de recevoir le serment de fidélité de Louis XVI à la nouvelle constitution ; serment qui eut lieu, le 14 juillet de la même année, en présence de plus de 500 mille personnes, et des députés des gardes nationales de tous les départemens.

En 1790, on y fit une cérémonie funèbre en l'honneur des citoyens qui avaient péri devant Nancy.— Ce fut aussi au Champ-de-Mars qu'un grand nombre d'individus se réunirent, le 17 juillet 1791, pour faire une pétition contre le décret rendu la veille, qui, au lieu de juger le roi sur sa fuite, le suspendait seulement de l'exercice de son pouvoir ; ce qui détermina le corps municipal à publier la loi martiale pour dissiper ce rassemblement : il y eut du sang de répandu C'est au Champ-de-Mars que l'on célébra toutes les fêtes républicaines et les victoires nationales pendant le règne de la convention nationale et du directoire exécutif. Ce fut encore au Champ-de-Mars que Robespierre, suivi de la convention nationale, se rendit le jour de la fête à l'Être-Suprême.

Le 30 frimaire an 2 (21 décembre 1793); fête civique en l'honneur de Châlier, président du tribunal du district de Lyon, et condamné à mort dans cette ville. — Le 10 nivose (1er janvier 1793) fête à l'occasion de l'abolition de l'esclavage. — Le 31 nivose (20 janvier) toujours de l'an 2 (1794), fête à l'occasion de la reprise de Toulon. Le 1er pluviose an 4 (21 janvier 1796), anniversaire de la mort de Louis XVI. Le directoire exécutif s'y rendit pour y prêter le serment de *haine à la royauté.* C'était encore au Champ-de-Mars que l'on célébrait l'anniversaire de la journée du 10 août. On a vu, pendant les années 1793, 1794 et 1795, un niveau placé à l'entrée du Champ-de-Mars, qui représentait l'égalité parmi les citoyens.

Le 18 brumaire an 13 (10 novembre 1804), Napoléon Bonaparte empereur des Français doit s'y rendre après son couronnement, pour recevoir le serment de fidélité et d'obéissance des députations des départemens et des députations de tous les corps d'armées.

Hôtel

205.
Tom. I.

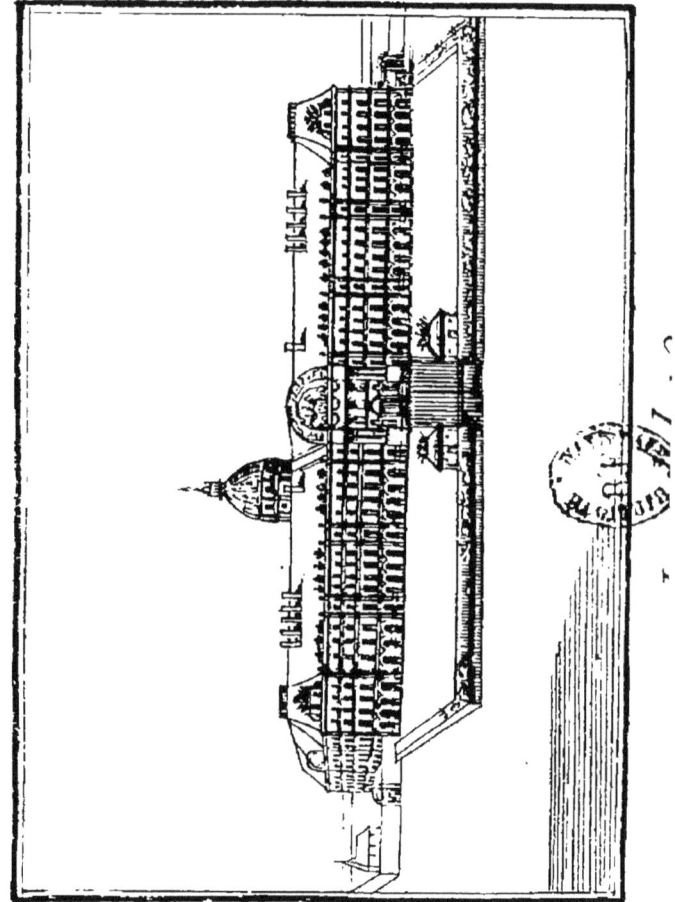

Hôtel des Invalides.

L'Hôtel national actuellement impérial des Invalides (ci-devant Hôtel royal des Invalides), fut fondé par Louis XIV pour servir de retraite aux officiers et soldats qui avaient passé vingt ans sous les armes, ou qui étaient blessés et hors d'état de service. Sa construction fut commencée, le 30 novembre de l'an 1671, sur les dessins de Libéral Bruant, architecte, qui y a employé trente années. Une vaste esplanade plantée d'arbres, une superbe grille, une cour entourée de fossés, et dans laquelle sont placées des pièces de canon, donnent à cette façade, de 409 mèt. (210 t.) de long, un caractère mâle et respectable. Au milieu est une porte accompagnée des figures colossales de Mars et de Minerve; la tête d'Hercule est placée à la clef du centre. Le tout a été sculpté par Coustou le jeune. Au-dessus de la porte ci-devant royale, on voyait une statue équestre de Louis XIV, en demi-bosse. Cette porte conduit à la plus grande cour intérieure. Cette cour est entourée d'arcades l'une sur l'autre, qui éclairent des galeries régnant tout autour. La construction est d'un grand caractère. De cette cour on entre dans l'église, décorée d'ordre corinthien, et qui a la forme d'une croix grecque. Le dôme forme une nouvelle église. Autour de son plan circulaire sont six chapelles, ornées richement des plus belles peintures et sculptures. On y voit suspendus tous les drapeaux pris dans la guerre pendant la révolution; ce qui produit un très-bel effet. L'autel et la chapelle étaient magnifiques. Les quatre oratoires étaient dédiés aux quatre Pères de l'Eglise latine, Jérôme, Augustin, Ambroise et Grégoire; des tableaux de Boulogne et de Corneille les décoraient. Le dôme a 101 mètres (52 toises) de diamètre. Le pavé est à compartimens et de différens marbres. En se plaçant au centre, on voit parfaitement les peintures de la coupole; elles représentent la gloire des bienheureux, peinte par Charles Lafosse. Toute l'architecture du dôme est du dessin de Jules-Hardouin Mansard. Son élévation, du rez-de-chaussée à sa plus grande hauteur, est de 595 mèt. (300 pieds), et son diamètre de 10 mèt. (50 pieds). L'architecture de l'extérieur est un chef-d'œuvre.

On voit quarante colonnes d'ordre composite, couvertes en plomb, et ornées de douze côtés dorés et d'une lanterne à colonnes, qui soutient une pyramide surmontée d'une boule. L'Hôtel des Invalides peut contenir près de cinq mille hommes. Les Suisses protestans ne pouvaient y être admis ; mais on prenait tous les ans, sur les fonds destinés à l'entretien de l'hôtel une somme de 6,000 liv., qui se distribuait en pensions de 100 liv. pour chaque officier, et de 75 liv. pour chaque soldat de cette nation retiré dans sa patrie. Lorsque le roi venait à l'Hôtel des Invalides, c'était à leur garde qu'était confiée la personne de sa majesté : ce privilége leur avait été accordé dès les premiers temps de la fondation. Louis XIV, dans une visite qu'il leur fit, les voyant repoussés sans ménagement par ses gardes-du-corps, ordonna à ceux-ci de se retirer, et déclara qu'il ne pouvait être plus en sûreté qu'au milieu de *ses anciens serviteurs.*

Comme nous l'avons déja dit en parlant des Tuileries, le 14 juillet 1789. le peuple de Paris enleva aux Invalides 30 mille fusils et 6 pièces de canon pour faire le siége de la Bastille.

Le 19 vendémiaire an 3 (12 octobre 1793), lors de l'exhumation générale des rois de France, qui se fit dans l'abbaye de St.-Denis, on trouva entier et en forme de momie sèche le corps du maréchal de Turenne; il fut remis au gardien de l'église, qui l'exposa aux regards des curieux pendant plus de six mois. Henri IV fut également trouvé intact; mais les circonstances s'opposèrent à sa conservation. Sur la réclamation de M. Desfontaines, professeur au Jardin des plantes, au comité d'instruction publique, le corps de Turenne fut remis à cette savante administration, qui le déposa dans une des salles de ce bel établissement, où il fut exposé plus décemment aux regards du public. Par un arrêté du directoire, en date du 27 germinal an 7 (16 avril 1799), Turenne fut transporté au Musée des monumens français, et déposé dans un sarcophage taillé à l'antique sur les dessins de M. Lenoir. Enfin, le 1er vendémiaire an 9 (23 septembre 1800), les restes de cet illustre guerrier, ainsi que le beau mausolée qu'il avait à Saint-Denis furent transportés dans le dôme des Invalides, pour y être éternellement conservés.

On lit encore cette éloquente inscription, que M. Lenoir avait fait graver:

TURENNE.

Le cortége très-nombreux qui accompagna cette cérémonie se rendit au Muséum français, dans la salle où l'on conserve les monumens de cette belle époque de notre histoire. Là, Turenne était dans sa patrie; là, un bas-relief le représentait à la tête des Français chargeant les ennemis à Turkeim; et, malgré les intrigues de Louvois, il semblait encore cueillir de nouveaux lauriers auprès du grand Condé. Le ministre de la guerre, Carnot, Lucien Bonaparte, ministre de l'intérieur, et quatre des principaux généraux de l'armée, reçurent le corps de Turenne, présenté par M. Lenoir, qui prononça un discours, auquel le ministre de l'intérieur répondit. Arrivé aux Invalides, il fut déposé dans le dôme en présence d'une foule immense, au bruit d'une mousqueterie considérable, et d'une musique vraiment héroïque et militaire. Le ministre Carnot prononça une oraison funèbre touchante et énergique, dont la composition répondait parfaitement aux honneurs justement mérités que le gouvernement rendait au grand Turenne, et le ministre de l'intérieur fit frapper une médaille pour consacrer à jamais ce fait mémorable.

Le 14 juillet 1803, (25 messidor an 11), le premier consul Napoléon Bonaparte, le second et le troisième consuls, ainsi que toutes les autorités, ont célébré dans la chapelle des Invalides l'anniversaire du 14 juillet. La même cérémonie y a eu lieu le 26 messidor an 12, correspondant au 15 juillet 1804, par Napoléon Bonaparte, empereur des Français. Les princes français, les grands dignitaires, le sénat et toutes les autorités, ont assisté à une messe: au moment de l'évangile, le grand chancelier de la légion d'honneur a prononcé un discours, et tous les membres de la légion d'honneur qui se trouvaient à Paris ont prêté le serment entre les mains de l'empereur, qui distribua l'étoile d'honneur à 2000 légionnaires.

Le nombre des invalides répandus dans tout le royaume montait à environ 30 mille; il y en avait d'entretenus à l'hôtel 2572, tant officiers que soldats. Leurs traitemens réunis coûtaient près de six millions; les fonds provenaient en grande partie d'une retenue sur la plupart des paiemens de la guerre, et d'un droit sur les abbayes à la nomination du roi. Depuis la révolution, cet établissement a reçu de grandes augmentations, et le sort des militaires y a été amélioré. La grande quantité de ceux qui ont été mutilés dans les combats pour la défense de la république, et qui avaient droit à être admis dans l'hôtel, insuffisant pour les recevoir, a déterminé le gouvernement à créer des succursales à Louvain et à Avignon. L'hôtel impérial des militaires invalides de Paris et les succursales sont sous l'autorité du ministre et du directeur de l'administration de la guerre. Il y a dans l'hôtel un gouverneur, un général de brigade commandant en second, un colonel commandant en troisième, un chef d'escadron, adjudant-major en chef, quatre capitaines invalides adjudans-majors, cinq sous-adjudans-majors, un commissaire ordonnateur, un commissaire des guerres, un quartier-maître trésorier, secrétaire du conseil d'administration, et garde des archives, un inspecteur général du service général de santé, un médecin en chef, un chirurgien en chef, un chirurgien en chef adjoint, un pharmacien en chef, un aumônier et un aumônier adjoint. Le gouverneur et les officiers sous ses ordres sont chargés de la réception de tous les militaires qui sont admis à l'hôtel national; des pensions pour menus besoins des militaires invalides domiciliés dans la maison; de la vérification de toutes les dépenses et de l'ordonnance de tous les mandats de paiemens à faire pour l'administration de cette maison; de l'administration et de tous les détails du service; de la police intérieure et des succursales établies à Louvain et à Avignon.

Le premier consul, par arrêté du 18 pluviose an 8 (7 février 1800), a enrichi l'Hôtel impérial des Invalides d'une bibliothèque de vingt mille volumes. Cette bibliothèque, composée des meilleurs livres dans tous les genres, placée dans la vaste et belle salle où se tenait précédemment le conseil, est ouverte à tous les militaires invalides depuis neuf heures du matin jusqu'à trois heures de l'après-midi, tous les jours, excepté les dimanches. Il y a un chef de brigade invalide, bibliothécaire; un chef de brigade invalide et un capitaine invalide, adjoints.

Les belles allées qui s'étendent de l'Hôtel des Invalides jusqu'aux bords de la Seine

213.   Tom. I.

forment une superbe promenade. On a placé au milieu de ce vaste terrain une fontaine qui a 12 mètres (6 toises) de hauteur; et au-dessus le superbe lion de Saint-Marc, qui a été apporté de Venise avec les quatre chevaux de Corinthe : ce lion de bronze est curieux par sa structure extraordinaire. En 1793, on voyait sur cette place une statue colossale en terre représentant Hercule avec sa massue, foudroyant l'hydre de la tyrannie. A cette époque, on avait construit en bois, tout autour de la place, des ateliers d'armes.

C'est encore sur cette place qu'on a établi des ateliers pour la construction de bateaux destinés à l'expédition d'Angleterre.

Hôtel des Monnoies, et cabinet minéralogique.

L'hôtel des Monnoies est presqu'en face du Pont-Neuf du côté du faubourg Saint-Germain. Ce fut l'abbé Terray qui posa la première pierre de ce magnifique bâtiment, le 20 août 1771. La façade a 117 mètres (60 toises) de largeur, sur 24 mèt. (13 toises) de hauteur. Au-devant de l'avant-corps, qui est décoré de six colonnes ioniques, s'élève un attique, qui, à l'aplomb des fenêtres, offre des tables renfoncées, ornées de festons. A l'aplomp des colonnes s'élèvent six statues représentant la Paix, le Commerce, la Prudence, la Loi, la Force et l'Abondance. Les quatre du milieu sont de Lecomte; celle du côté des Quatre-Nations est de Pigale, et celle qui lui est opposée est de Mouchy, son neveu. Cet avant-corps a trois arcades dont celle du milieu est la principale entrée de cet édifice. Vingt-quatre colonnes doriques cannelées décorent le vestibule, qui se distribue en trois galeries. Sur la droite est un escalier qui conduit aux salles destinées au service et aux assemblées des officiers de la fabrication.

On a formé en 1778 un cabinet précieux de minéralogie avec la collection que le célèbre Lesage fut dix-huit ans à recueillir. Au milieu de ce cabinet est un amphithéâtre pouvant contenir quatre cents personnes. Des armoires vitrées renferment, dans le plus bel ordre, les minéraux de presque toute la terre. Quatre autres armoires isolées, placées dans les autres entrecolonnemens, offrent des modèles de machines. Un des cabinets renferme les analyses des objets déposés dans celui de la minéralogie. Sur le premier palier qui conduit à la galerie, on voit le buste de Lesage que la reconnoissance de ses élèves lui a consacré. Cette galerie est environnée d'armoires qui renferment les échantillons des mines. La coupole qui s'élève au-dessus est enrichie de caissons peints et rehaussés d'or, avec une large bordure, et une corniche sur le plafond; l'intérieur de ce cabinet est de 15 mèt. (45 pieds) de long, sur 12 mèt. 1/3 (38 pieds) de large, et 13 mèt. 1/4 (40 pieds) d'élévation. Il est ouvert tous les jours au public depuis dix heures du matin jusqu'à deux, excepté les dimanches et fêtes.

La cour principale des monnoies a 36 mètres (110 pieds) de profondeur, sur 30 mètres (92 pieds) de largeur; une galerie règne au pourtour; elle est terminée par une pièce circulaire, percée alternativement d'arcades et de portes carrées. On voyait autrefois au-dessus les bustes des rois Henri IV, Louis XIII, Louis XIV et Louis XV. L'entrée de la salle destinée aux balanciers est ornée de quatre colonnes doriques; la voûte surbaissée de cette salle est soutenue par des colonnes d'ordres toscan; elle a 20 mèt. (62 pieds) de long, sur 12 mèt. 2/3 (39 pieds) de large, et contient neuf balanciers. Au fond est une statue de la Fortune, exécutée par Mouchy. Au-dessus de cette salle est celle des ajusteurs, de pareille étendue, et qui contient cent places. L'Hôtel des Monnaies renferme six cours nécessaires pour le service de la fabrication. L'entrée des différens ateliers, par la rue Guénégaud, présente une étendue de bâtimens de plus de 112 mèt. (58 toises). Le milieu de ce bâtiment est indiqué par un avant-corps, qui, faisant retraite à la hauteur de l'attique, est orné de quatre statues, représentant les quatre élémens, par Caffieri et Duprez. Trois inscriptions latines placées dans l'attique, entre les figures, indiquent l'usage du monument et l'année de son exécution.

ARSENAL, *faubourg Saint-Antoine.*

Sous Charles V, le prévôt des marchands prêta les granges de l'artillerie, qui appartenaient à la ville, à François premier, qui en avait besoin pour fondre des canons. Le 28 janvier, le tonnerre tomba sur une tour dite de *Billy*, qui faisait

sait partie de cet arsenal. Quinze ou vingt milliers de poudre firent une explosion terrible. Trente-deux personnes y perdirent la vie, et trente autres y furent blessées; les bâtimens furent renversés, et le feu en lança les pierres avec violence jusqu'à l'abbaye St.-Antoine et à celle St.-Victor. L'Arsenal fut rétabli et augmenté par Charles IX, Henri III et Henri IV. On fit abattre en 1718 une partie des anciens bâtimens de l'Arsenal pour y élever l'hôtel du gouverneur, qui fut construit sur les dessins de Germain Boffrand. Les bâtimens de cet édifice forment plusieurs cours; les appartemens qu'occupait autrefois le grand maître de l'artillerie de France sont beaux, et étaient richement meublés. Le grand salon est digne d'admiration: le célèbre Mignard le peignit après son retour d'Italie; le sujet est la France triomphante. Du côté du quai des Célestins, est une porte qui fut construite en 1584. Quatre colonnes, en forme de quatre canons, en font l'ornement. Le jardin de l'Arsenal renferme les seuls restes des fossés et des anciennes fortifications de Paris. Un quinconce qu'on y a planté, offre aux habitans de ce quartier une promenade dont la vue s'étend sur la Seine.

En entrant par le quai des Célestins, dans la cour des Vétérans, est la bibliothèque de l'Arsenal, magnifique et précieuse collection qui avait été acquise par le comte d'Artois, du célèbre Paulmy d'Argenson ; elle est destinée à faire partie de la bibliothèque du Sénat conservateur. Sur la porte par laquelle on entre dans cette bibliothèque, sont ces deux vers de *Nicolas Bourdon*.

*Ætna hæc Henrico Vulcania tela
 ministrat,
Tela giganteos debellatura furores.*

On voyait, près de l'Arsenal, l'église des Célestins, qui fut bâtie sous Charles V : l'enceinte du couvent fut agrandie depuis, par la destruction du palais *Saint-Paul* qui était auprès, et dont il ne reste aucun vestige, si ce n'est le nom des rues qui retracent encore quelques lieux : tels que la rue de la *Cerisaye*, des *Lions*, etc. On fait dériver le nom de la rue du *Petit-Musc*, du mot *petimus*, parce que c'était dans cet endroit que se trouvait l'hôtel où l'on portait les *pétitions* que l'on faisait alors en latin,

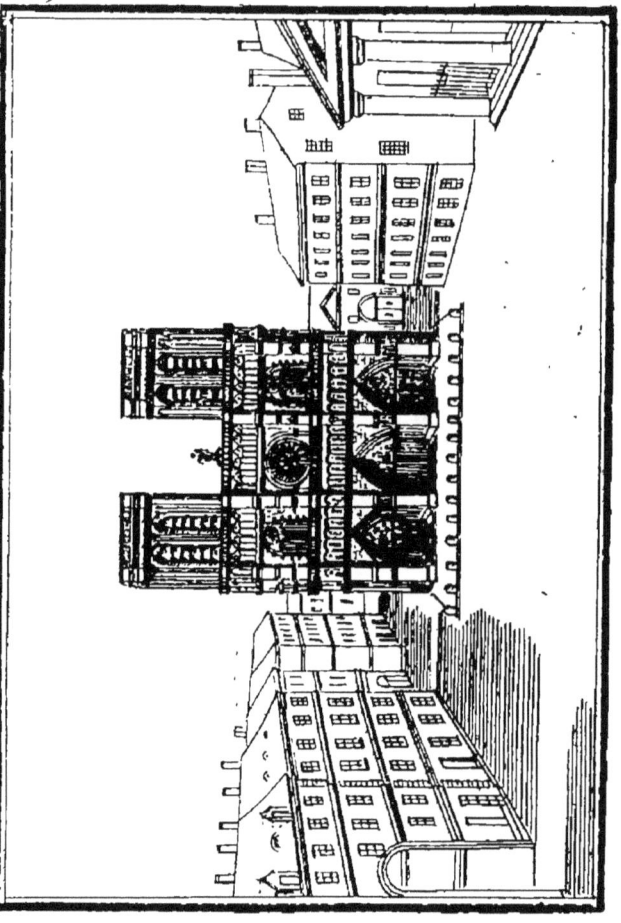

Notre-Dame

et qui commençaient toutes par *petimus*. Le cloître des Célestins mériterait d'être conservé comme un monument antique. Tous les tombeaux et autres curiosités de cette église ont été transportés, pour la plupart, au Musée des monumens français.

Notre-Dame.

L'église métropolitaine, dédiée à la Ste.-Vierge, sous le titre de *Notre-Dame*, est située dans l'île du Palais; elle a porté le nom de *St.-Denis* jusqu'en 522, qu'elle fut rebâtie sous le règne de Childebert Ier. C'est la première église construite à Paris: elle l'a été sur les ruines d'un temple érigé à *Esus* ou à *Vulcain*, et à *Castor* et *Pollux*, par les commerçans de Paris, sous le règne de Tibère: c'est ce qu'on doit présumer d'après les pierres chargées de bas-reliefs qu'on a trouvées dans les fondemens, et qui sont exposées au Musée des monumens français. Cette église fut élevée sous l'empereur Valentinien Ier vers l'an 365. Elle fut dédiée à *St.-Étienne*. Elle était encore la seule église qui existât dans Paris en 522, lorsque Childebert, fils de Clovis, contribua par ses largesses à la faire réparer, à y faire mettre des vitres, à l'agrandir et à l'augmenter d'une nouvelle basilique qui fut dédiée à *Notre-Dame*: Philippe-Auguste la fit terminer l'an 1185. Le jour de la pentecôte, il était d'usage de jeter par les ouvertures des voûtes d'en-haut des étoupes enflammées, et de lâcher des pigeons, qui volaient sur les assistans pendant la messe. C'est un des plus vastes édifices de l'Europe; il a 31 mètres (65 toises) de long, sur 47 mètres (24 t.) de large, et 34 mèt. (17 t.) de haut; il est soutenu par 128 piliers.

La principale façade est composée de trois portes chargées de statues et de figures, comme le sont le plus grand nombre des façades des cathédrales bâties dans le même temps. Au-dessus de ces trois portes, on a vu jusqu'en 1792, sur une même ligne dans toute l'étendue de la façade, les statues en pierre de vingt-six rois, plus grandes que nature : elles représentaient les principaux bienfaiteurs de cette église, depuis Childebert I.er jusqu'à Philippe-Auguste, sous le règne duquel on croit que cette façade fut achevée. Cette façade présente, à ses extrémités, deux énormes tours carrées qui ont chacune 66 mètres (204 pieds) de hauteur ; on y monte par un escalier de 389 marches. Dans la tour méridionale est une cloche d'une énorme grosseur, qu'on nomme *bourdon*. Entre ces deux tours et au-dessus de la rose est une superbe galerie soutenue par des colonnes gothiques d'une délicatesse surprenante. La nef et le chœur sont bordés de doubles bas-côtés ; tout l'intérieur est soutenu par douze piliers. Au-dessus des bas-côtés, sont de grandes galeries espacées par de petites colonnes d'une seule pièce, où l'on se place pour voir les grandes cérémonies. Le peuple y admirait autrefois une statue colossale représentant St.-Christophe. Ce fut Antoine Désessarts qui la fit élever, parce qu'étant en prison, il rêva une nuit que ce saint rompait ses chaînes : effectivement, quelques jours après, Désessarts fut mis en liberté. Pierre Désessarts, surintendant des finances, qui fut arrêté avec lui en 1413, eut la tête tranchée. On voit, en entrant dans cette église, dessous la tour septentrionale, en bas-relief, un zodiaque composé de ses douze signes. Ce bel édifice renfermait encore beaucoup d'autres monumens de sculpture, tant anciens que modernes, une superbe collection de tableaux : un grand nombre de ces objets ont été enlevés ou détruits pendant la révolution. Ceux qu'on a pu sauver ont été recueillis par M. Lenoir, et placés dans le Muséum français que cet artiste a formé. (Voy. *Muséum des monumens français*). Les stalles où siégent les chanoines ont été conservés : c'est un morceau de sculpture précieux.

On a rendu à cette église la vierge du maître-autel, sculptée par *Coustou*.

On voyait en entrant à droite contre le pilier le plus proche du chœur la statue équestre de Philippe de *Valois*. Ce prince, en arrivant à Paris après la bataille de Cassel, alla à Notre-Dame, où il entra tout armé, et y laissa son cheval et ses armes, après avoir remercié Dieu et la Vierge de la victoire qu'il avait remportée.

Autrefois, le lit de l'évêque et du chanoine, morts, appartenaient à l'Hôtel-Dieu : mais lorsque le luxe et la mollesse eurent introduits des lits mieux fournis et plus riches, il y eut souvent, entre les créanciers de l'évêque et cet hôpital, des contestations sur les rideaux, la courte-pointe et le nombre des matelas. En 1654 le parlement débouta de leurs oppositions les créanciers de François de Gondi, archevêque de Paris, et adjugea son lit avec tous les accompagnemens à l'Hôtel-Dieu. Ce fut, dit-on, le lit de noces de la fille d'un des économes. Une portion du bâtiment de l'Hôtel-Dieu masquait la superbe façade de Notre-Dame. On a ordonné leur démolition, et la construction d'un portail pour l'Hôtel-Dieu. L'église Notre-Dame a été blanchie sous Louis XVI, ce qui a fait découvrir plusieurs beautés d'architecture. On a aussi démoli la porte du cloître Notre-Dame, ce qui forme une rue qui conduit au nouveau pont de la Cité, construit pour communiquer dans l'île-St.-Louis. Le 27 mars 1791, on installa l'évêque constitutionnel, Gobel, ci-dev. évêque de Lydda. En 1793, on força cet évêque de se rendre à la barre de la convention nationale, et d'y dire: *Je viens avec mon clergé abjurer les erreurs de l'état de prêtre.* Il a été décapité à Paris. Le 24 germinal an 2 (14 avril 1794), la convention nationale, après avoir arrêté que l'église Notre-Dame porterait désormais le nom de *Temple de la Raison* (inscription qu'on grava sur le portail), se rendit dans cette église pour y chanter avec le peuple l'hymne à la Raison.

Le 28 germinal an 10 (18 avril 1801), les premier, second, et troisième consuls, se rendirent dans cette métropole pour célébrer la réintégration du clergé en France. Napoléon I.er doit se rendre dans cette église, le 18 brumaire an 13 (1804), pour y être sacré empereur des Français par le pape.

Maison archiépiscopale, et cloître Notre-Dame, cour des Chantres.

La maison archiépiscopale est située au midi de la cathédrale ; son jardin, qui est situé à l'extrémité de l'île de la Cité, jouit d'une belle vue. On admire dans l'hôtel un grand escalier. C'est dans la grande salle de l'archevêché que l'assemblée nationale, après l'affaire des 4 et 5 octobre 1789, a tenu sa première séance à Paris le 19 octobre ; c'est dans cette salle que fut rendu le fameux décret qui déclara les biens du clergé *biens nationaux* ; c'est aussi dans cette salle que les électeurs de Paris ont tenu leurs séances, etc.

On remarque dans le cloître Notre-Dame, *cour des Chantres*, n.º 10, maison de l'ancien chanoine Fulbert, sur la muraille donnant sur la cour, deux anciens médaillons sculptés, représentant Abailard et Héloïse. Selon la tradition, c'est dans cette enceinte qu'eut lieu la vengeance de Fulbert; mais on ignore en quel cénacle, le local ayant beaucoup changé depuis 1142.

Saint-Sulpice.

L'église de St-Sulpice, *faubourg Saint-Germain pres le Luxembourg*, a été commencée en 1646, sur les dessins de Louis le Vau, et la première pierre en fut posée, le 20 février de la même année, par la reine Anne d'Autriche, alors régente du royaume; elle fut finie en 1733. Sous le règne de Louis XV. la première pierre du maître-autel fut posée par le nonce, au nom du pape Clément XIII, le 21 août 1732. Cet autel existe encore: il est isolé et de marbre bleu turquin; il a la forme d'un tombeau; ses ornemens ne sont plus; ils étaient de bronze doré d'or moulu, et le tabernacle, enrichi de pierreries, représentait l'arche d'alliance; le propitiatoire était soutenu par deux anges adorateurs; au-dessus était suspendu un baldaquin doré, sculpté par les frères Slodtz, qui produisait un très-bel effet. Le portail est composé de deux ordres d'architecture l'un sur l'autre; celui du rez-de-chaussée est un péristile formé par un double rang de colonnes doriques d'un mèt. 30 cent. (3 pieds) de diamètre, et de 13 mèt. (6 tois. 1/2) de haut. Les colonnes ioniques du second ordre du portail ont un mèt. 40 centim. (3 pieds 7 pouces) de diamètre. Le portail de Saint-Sulpice, le plus vaste et le plus magnifique des églises de Paris, est l'ouvrage du fameux Servandoni, décorateur. L'ensemble est d'un grand effet ; l'intérieur est très-beau, par la noblesse de son architecture. La chapelle de la Vierge est précieuse par l'exécution de la statue et des groupes qui l'accompagnent, et sur-tout par la manière ingénieuse dont elle est éclairée. Ce superbe édifice a été dévasté par suite de la révolution. Henri Sulli, bon horloger et bon astronome, a tracé sur le pavé de cette église une excellente méridienne. On a démoli le bâtiment du séminaire St.-Sulpice, qui masquait ce superbe monument: l'on peut actuellement admirer sans obstacle la majesté du portail. C'est particulièrement dans cette église que, pendant le règne du Directoire, se rassemblaient les théophilanthropes pour célébrer leur culte. On voit un télégraphe sur l'une des tours de cet édifice.

Saint-Gervais, près la place de l'Hôtel-de-Ville.

Cette église paroissiale a été construite au quinzième siècle; le portail est de Jacques Desbrosses, et a été bâti en 1616. Les tableaux en ont été enlevés, ainsi que les tombeaux; là étaient enterrés Michel Letellier, Scarron, et Philippe de Champagne, peintre fameux. Les vîtraux sont de Jean Cousin.

Val-de-Grace, rue St.-Jacques.

La reine Anne d'Autriche, femme de Louis XIII, après vingt-deux ans de stérilité, pour rendre graces à Dieu de la naissance inattendue de Louis XIV, fit élever ce superbe monument des beaux-arts et de sa piété. Le célèbre François Mansard en fournit les dessins, et les vit exécuter jusqu'au rez-de-chaussée; mais, par une fatalité trop ordinaire aux gens à talens, Mansard fut obligé d'abandonner la direction de cet ouvrage : des architectes moins habiles que lui, voulant renchérir sur les dessins de ce grand maître, altérèrent une foule de beautés. Mansard, piqué de se voir corrigé par ses inférieurs, entreprit au château de Fresne, chez M. d'Aguesseau, à 31 kilom. (7 lieues) de Paris, une chapelle qui, en petite proportion, était l'exacte exécution de son dessin du Val-de-Grace ; voulant ainsi prouver la préférence qu'il méritait. On ne peut s'empêcher d'admirer le dôme du Val-de-Grace ; c'est un chef-d'œuvre de peinture à fresque, par le célèbre Mignard. Cette peinture représente le séjour des bienheureux, divisé en plusieurs hiérarchies. On a fait de l'abbaye qui desservait cette église un hôpital militaire, et on cultive dans le jardin un grand nombre de plantes qui forment une belle collection destinée à l'instruction des élèves en médecine. Une belle grille ferme la cour, qui donne sur la rue St.-Jacques.

Carmélites. (V. rue d'Enfer, n°. 30. p. 183.)

C'est encore dans cet endroit que se retira la sensible la Vallière, sous le nom de sœur *Louise de la miséricorde*. Elle y mourut l'an

229. Tom. I.

Panthéon.

l'an 1710, après trente ans de pénitence. Son portrait, peint en Madeleine par le célèbre le Brun, était dans l'église de ce couvent; il est maintenant au Musée de Versailles. Il y avait, dans la même église, des peintures à fresque de Philippe de Champagne.

Panthéon Français, au haut de la montagne Ste.-Geneviève.

Le Panthéon (ci-devant destiné pour la nouvelle église de Ste.-Geneviève), honore à la fois l'architecte et la nation; il est élevé sur les dessins de Jacques-Germain Soufflot. La construction en fut commencée en 1757; Louis XV en posa la première pierre le 3 septembre 1764. Il offre la figure d'une croix grecque. Sa longueur, y compris le portail, est de 110 mèt. (339 pieds) sa largeur, prise dans le milieu de la croisée, est de 79 mèt. (253 pieds 6 pouces). Le portail, imité de celui du Panthéon de Rome, est formé d'un péristile de vingt-deux colonnes corinthiennes, dont dix-huit sont isolées : chacune de ces colonnes a 2 mèt. (5 pieds 1/2) de diamètre, et 19 mèt. (58 pieds 3 pouces) de hauteur, y compris base et chapiteaux. Les feuilles d'acanthe de ces chapiteaux sont d'un travail très-précieux. Ces vingt-deux colonnes forment un porche eustyle couronné d'un fronton, dont le tympan offre un grand bas-relief sculpté par Coustou. La longueur de ce porche est de 37 mèt. (112 pieds), et sa profondeur de 12 mèt. (36 pieds). De l'intérieur du porche on voit le fronton évidé, dont la construction réunit la hardiesse gothique à la beauté grecque. Le portail est composé de trois portes, accompagnées de superbes ornemens et de bas-relifs. L'intérieur de ce temple est composé de quatre nefs, au milieu desquelles se trouve le dôme ; elles sont décorées de cent trente colonnes cannelées, d'ordre corinthien, de 1 mèt. 10 cent. (8 pieds 6 pouces) de diamètre, et de 9 mèt. (27 pieds 8 pouces) de hauteur. Elles supportent un entablement dont la frise est ornée de rinceaux; au-dessus sont des tribunes bordées de balustrades. A l'extérieur, le dôme représente un temple circulaire, formé de trente-deux colonnes d'ordre corinthien, chacune de 1 mèt. 6 cent. (3 pieds 4 pouces) de diamètre, et de 11 mèt. (34 pieds) de hauteur, compris base et chapiteaux. Cette colonnade porté sur un stylobate, qui lui-même est porté sur un soubassement octogne, élevé au-dessus du pavé de 33 mèt. (107 pieds). La hauteur totale de ce temple est de 93 mèt. (282 pieds). Un décret de l'assemblée nationale a destiné cet édifice à recevoir les cendres des grands hommes. On a fait graver au-dessus du fronton : *Aux grands hommes la patrie reconnoissante.* Ce monument doit être mis aux rangs des plus magnifiques de l'Europe. Avant d'entrer dans ce temple majestueux, on voit sous le péristile quatre statues colossales, qui sont, d'un côté, Minerve présentant à un homme la palme, récompense des travaux et de la vertu; la France tenant le sceptre de la main droite, et de l'autre s'appuyant sur le livre de la loi. De l'autre côté, Hercule assis sur un lion ayant le pied sur l'hydre, et portant la main droite sur une table, sur laquelle on lit : *Force à la loi.* La patrie soutenant un jeune guerrier expirant. Au-dessus de ces quatre statues sont des bas-reliefs allégoriques avec des inscriptions.

Le corps de Mirabeau fut déposé dans ce monument le 2 mars 1791. Les cendres de Voltaire y furent portées le 11 juillet de la même année. Les honneurs du Panthéon furent décernés à Beaurepaire et à le Pelletier de Saint-Fargeau. En 1793, on les décerna aussi au jeune Barra, tambour, tué dans la guerre de la Vendée pour avoir refusé de crier : *Vive Louis XVII*. Les restes de Marat y furent déposés le 5.ᵉ jour complémentaire de l'an 2 (21 sept. 1793). Le même jour on en retira le corps de Mirabeau, et après la journée du 9 thermidor an 2 (28 juillet 1794) une multitude alla enlever les restes de Marat, et les jeta dans l'égout Montmartre. Les restes de Beaurepaire, de le Pelletier et du jeune Barra furent également retirés du Panthéon.

Mercier s'opposa au décret que la convention nationale voulait rendre pour que l'on décernât les honneurs de l'apothéose à René Descartes, et ses cendres furent déposées dans un sarcophage que l'on voit au Musée des monumens français. Le 20 vendémiaire an 3 (11 octobre 1794), on fit la translation des cendres de Rousseau dans ce temple.

Sainte-Geneviève, à côté du Panthéon.

Cette église, qui est très-ancienne, avait remplacé celle de Saint-Remi : ce fut Clovis qui la fit bâtir. Elle fut d'abord appelée *Saint-Pierre* et *Saint-Paul*, ensuite *Sainte Geneviève*, *patronne de Paris*. Les Normands la brûlèrent plusieurs fois.

On voyait autrefois dans cette église le tombeau de Clovis qui, 600 ans après sa mort, avait été rétabli par M. de la Rochefoucauld, abbé de Sainte-Geneviève. Ce même tombeau est aujourd'hui au Muséum des monumens français, n° 9. Clovis ayant choisi cet endroit pour sépulture, quoique Notre-Dame dût exister alors, on peut présumer qu'il habitait le *Palais des Thermes*, qui se trouve dans le voisinage.

Là aussi était le corps du philosophe Descartes qui y fut transporté de Suède, et dont la translation fut très-pompeuse, comme on peut le voir dans les Mémoires du temps. Il est maintenant au Musée des monumens français. Tout le monde a connu la châsse de Sainte-Geneviève, autour de laquelle on a vu des *ex voto* pour la remercier de la journée du 14 juillet 1789 et de celle du 10 août 1791. On découvrait cette châsse pour des cas extraordinaires, comme maladie du roi, ou pour faire cesser la pluie, etc. etc.

Saint-Etienne-du-Mont, près le Panthéon.

Cet édifice est de l'an 1221; Marguerite de Valois en a fait faire le portail en 1610: l'architecture et les vitraux méritent d'être vus; mais le plus curieux est le jubé, dont les tourelles surprennent par leur légèreté et leur hardiesse. Lesueur, Racine, Pascal, et Freron y étaient enterrés.

Les dépouilles de Mirabeau sont tout auprès, dans le ci-devant cimetière, où elles ont été transportées et cachées, lorsqu'on les a exclues du Panthéon, où elles avaient été déposées avec tant de pompe en 1791.

St.-Germain l'Auxerrois, en face du Louvre.

L'origine de cette paroisse est très-incertaine. Jusqu'au 12.ᵉ siècle, elle porta le nom de *Saint-Germain-le-Rond*.

Ce qu'il y a de certain, c'est qu'elle porta le titre de paroisse dès le sixième siècle. Pillée et ruinée par les Normands, elle fut rebâtie par le roi Robert, au commencement du 11.ᵉ siècle : ce prince y mit des chanoines pour faire l'office divin. Devenue trop petit pour les paroissiens, on rebâtit le chœur dans le 14.ᵉ siècle; quelques années après, on rebâtit la nef, qui fut achevée en 1423, sous le règne de Charles VII. C'était la paroisse des rois. Jean, fils de Louis Hutin, y fut baptisé en 1316, ainsi qu'Isabelle de France, fille de Charles VI; et en 1573 Marie-Elisabeth de France, fille de Charles IX et d'Elisabeth d'Autriche. On croit que le portail est du règne de Philippe *le Bel*. L'œuvre, auquel le Brun a ajouté quelques ornemens, est du dessin de Perrault. On admire le manteau royal qui en fait le couronnement. Dans cette église étaient les mausolées et les cendres de beaucoup d'hommes illustres. Saint-Germain l'Auxerrois, sous le règne du Directoire, était le chef-lieu de la secte des théophilanthropes.

Saint-Roch, rue St.-Honoré.

Cette paroisse fut commencée en 1633 par Lemercier, et fut achevée en 1736 par Jules-Robert de Cotte: le portail avait été dessiné par Robert et de Cotte, son père, et formé des ordres dorique et corinthien. Le premier porte en amortissement deux groupes de pierre représentant les quatre Pères de l'Église latine, sculptés par François; le second est surmonté d'un fronton: le tout est couronné d'une croix, accompagnée de deux anges adorateurs. C'est Monteaut qui a sculpté les trophées, candélabres et autres ornemens. L'architecture de l'église est dorique. Les trois chapelles qui sont placées successivement derrière le chœur donnent à cette église un caractère de singularité qui n'a guère d'exemples, et dont l'effet est presque théâtral. Les cendres de plusieurs personnes illustres sont renfermées dans cet édifice, telles que celles du grand Corneille, de la tendre Deshoulières, de l'architecte le Nôtre, des Marets, Maupertuis, etc. etc. C'est dans cette église que, le 13 vendémiaire an 4 (5 octobre 1796), se réfugia une partie de la garde nationale parisienne qui était aux prises avec la troupe de ligne qui défendait la convention nationale. En l'an 11 (1803), le curé de cette paroisse refusa la sépulture à mademoiselle *Chamerois*, danseuse de l'opéra : ce curé fut suspendu de ses fonctions pendant trois mois.

St.-Eustache, près la halle aux blés.

L'origine de cette paroisse est une ancienne chapelle nommée St.-Agnès, bâtie à la fin du 12.ᵉ siècle. La construction de l'église St.-Eustache fut commencée le 19 août 1532. Ce fut Jean de la Barre, prévôt et lieutenant général du gouvernement de Paris, qui en posa la première pierre. Elle ne fut achevée qu'en 1642. L'architecture de cette église, une des plus grandes de Paris, est un mélange bizarre des genres grec et gothique. L'intérieur est d'une hardiesse vraiment étonnante ; ce sont des piliers élancés, des colonnes sans proportion et d'une grande légèreté, terminées par des chapiteaux corinthiens qui supportent des voûtes d'une élévation et d'une coupe extraordinaires. Deux ordres l'un sur l'autre, le dorique et l'ionique, composent le portail ; deux tours carrées, ou campanilles, s'élèvent aux deux extrémités. Au tympan du fronton est un bas-relief représentant le sacrifice de la messe. Cette église contient les cendres de plusieurs personnes illustres, telles que Colbert, Voiture, Vaugelas, etc. etc.

La Madeleine, faubourg St.-Honoré.

Cette chapelle, qui servait de paroisse, fut fondée par Charles VII, sous le vocable de Ste.-Madeleine. Il y fit instituer une confrérie, dans laquelle lui et sa femme se firent inscrire. La population de ce quartier s'étant accrue de beaucoup on l'érigea en paroisse ; mais l'église se trouvant trop petite, on s'occupa d'en construire une nouvelle. On voulut qu'elle servît de décoration à la place Louis XV, par conséquent qu'elle fût construite avec magnificence, et elle fut commencée sur les plans et les dessins de M. Contant d'Ivry, architecte du duc d'Orléans, qui étant mort au milieu de sa construction, eut pour successeur M. Couture. Cet ouvrage n'a pas été achevé. Cette basilique forme une croix de 86 mètres

(264 pieds) de long sur 45 mètres (138 pieds) de large. Le portail principal présente douze colonnes d'ordre corinthien, qui ont chacune 2 mètres (6 pieds) de diamètre. Une galerie qui s'étend jusqu'à l'avant-corps de la croisée, et qui est formée en dehors par un rang de colonnes du même ordre et de la même proportion règne de chaque côté de l'édifice et en retour du portail : ce qui produirait un magnifique péristile du côté de la place de la Concorde, si ce monument était achevé.

Tous ceux qui ont été décapités sur la ci-devant place de Louis XV ont été inhumés dans le cimetière de la paroisse de la Madeleine.

Saint-Paul.

Cette église, qui est démolie, n'était, dans son origine, qu'une chapelle que saint Éloi fit bâtir, l'an 634, sous le titre de St.-Paul, dans un cimetière destiné aux religieuses du monastère de Ste.-Aure, qu'il avait fondé dans un lieu de la cité qui était occupé par les Barnabites. Elle fut érigée en paroisse en 1177; elle s'accrut considérablement en peu de temps, parce quelle devint par la suite l'église des rois lorsqu'ils habitaient l'hôtel St.-Paul et l'hôtel des Tournelles. La dernière église St.-Paul avait été bâtie par Charles V : elle renfermait les cendres de personnages illustres. Dans le cimetière, on voyait un monument élevé à la mémoire de ceux dont on a trouvé les ossemens à la Bastille lorsqu'elle fut démolie. On lisait sur ce monument les deux inscriptions suivantes :

Qui nos incarcerebat viventes,
Nos adhuc incarcerat mortuos,
L A P I S.

La seconde est :
« Sous les pierres mêmes des cachots où
» elles gémissaient vivantes, reposent en
» paix quatre victimes du despotisme; leurs
» os, découverts et recueillis par leurs
» frères libres, ne se lèveront plus qu'au
» jour des justices pour confondre leurs
» tyrans. »

Tour de Saint-Jacques-la-Boucherie,
rue des Arcis.

C'était une des plus anciennes paroisses, elle a été détruite depuis la révolution. Elle renfermai renfermait les cendres du fameux alchimiste Nicolas Flamel, né à Pontoise; on y lisait l'épitaphe que voici :

> De terre suis venu
> Et de terre retourne.

Le clocher, carré, et bâti sous François I.er, a été vendu à un particulier qui a trouvé son avantage à le laisser subsister. Mercier prétend que c'est à lui qu'on en doit la conservation. Le propriétaire l'a loué à un anglais qui passe dans le voisinage pour un sectateur de Nicolas Flamel, parce qu'il a établi dans cette tour une fonderie, où il ne permet à personne d'entrer.

Tour de Saint-Jean de Latran, cloître de ce nom, devant le collége de France, place Cambrai, rue St.-Jacques.

Cette tour est à gauche en entrant par la place Cambrai. Elle est très-ancienne, et servait jadis aux pélerins de Jérusalem. L'église voisine avait vraisemblablement pris son nom de sa proximité des murs de la ville, à l'imitation de l'église de Rome qui porte encore ce nom pour la même raison.

Palais des Arts.

Le Palais des Arts (ci - devant collége Mazarin, ou des Quatre-Nations) fut fondé par le cardinal Mazarin en 1661 pour l'éducation et pour l'entretien de soixante jeunes gentils hommes des pays conquis par Louis XIV. Il fut commencé sur les dessins de le Veau, et achevé à la fin de l'année 1662 par *Lambert* et *Dorbay*. La façade de cet ancien collége est un demi-cercle, au milieu duquel est le portail de l'église qui fait avant-corps : les deux ailes de bâtimens sont d'ordre corinthien, mais leur avancement intercepte la vue et nuit à l'agrément. Six groupes de figures scuplîtées par Desjardins ornent le portail de l'église. Le dôme, décoré de pilastres accouplés, d'ordre composite, s'élève derrière ce frontispice. Il est regardé comme un chef-d'œuvre de l'art. La forme extérieure de ce dôme est sphérique, et celle de l'intérieur est elliptique, singularité qui prouve bien l'adresse des architectes. Les cendres du cardinal Mazarin reposaient dans cette église, à droite du sanctuaire. Le mausolée de ce cardinal, fait par Coysevox, se voit à présent au Musée des monumens français.

La bibliothèque publique occupe une partie de ce bâtiment; le surplus est actuellement occupé par des artistes qui avaient leur logement au Louvre: avant il y avait une école normale.

Collége de France, place Cambrai.

François I.er, ami des lettres et des sciences, voulait établir un collége où toutes les sciences et les langues fussent enseignées gratuitement. Sa volonté est remplie; car des professeurs, nommés et payés par le gouvernement, y enseignent l'hébreu, le syriaque, l'arabe, le turc, le persan, le grec, l'éloquence latine, la poésie, la littérature française, les mathématiques, l'astronomie, la mécanique, la physique expérimentale, la médecine pratique, l'anatomie, la chimie, l'histoire naturelle, le droit canon, le droit de la nature et des gens, l'histoire et la morale: ces leçons sont communes à tous ceux qui veulent les suivre. Ce collége est reconstruit sur les dessins de M. Chalgrin. Sur le plafond d'une des salles est peinte une allégorie à la gloire des princes, par M. Taraval.

Fontaines publiques.

Il y a cinquante-trois fontaines publiques ; nous ne parlerons que des principales : nous avons déja fait mention de la *Samaritaine* et de celle du pont *Notre-Dame*, à l'article des ponts.

La *Fontaine des Innocens* était anciennement située au coin des rues St.-Denis et aux Fers, à côté de l'église des Innocens. Cette église ayant été démolie, et son cimétière converti en marché aux légumes (1), on a transporté cette belle fontaine

---

(1) Voici comment un savant dépeint l'état où se trouvait ce cimetière, lorsque, sous la direction des commissaires de la société alors royale de medecine, présidée par M. l'archevêque de Paris, et M. de Crosne, lieutenant de police, ce terrain fut fouillé pour y établir ce marché et y construire le rang de maisons que l'on voit du côté de la rue de la Ferronnerie. Ce morceau, d'un des beaux génies du dernier siècle ne pourra que plaire à nos lecteurs.

« Des montagnes d'ossemens s'élevaient dans les parvis de ce réceptacle de tant de morts ;

au milieu de la place. Aux quatre faces du soubassement, sont quatre carrés sur les-

---

une population plus forte que celle de la capitale entière s'était plusieurs fois engloutie dans le cimetière des Saints-Innocens ; des générations nombreuses ne s'y distinguaient plus que par les nuances de leur destruction ; de plus nombreuses encore n'y laissaient aucune trace de leur existence passée, et les restes de tant de corps n'avaient soulevé le sol que de quelques pieds. Une immensité de cercueils et de débris amoncelés, une terre rassasiée de funérailles, et qui mal affermie s'ébranlait au loin sous les pas, tous les agens de la corruption réunis, forcèrent enfin à changer la surface de ce sol infecte, à l'exposer à l'action la plus libre de l'air, et à la couvrir de pavés épais.

» On y trouva sur-tout, à de grandes profondeurs, des corps conservés en entier après un intervalle de quinze, vingt et même plus de vingt-cinq années : plusieurs étaient dans l'état de momies. On a remarqué que les viscères qui se corrompaient les premiers étaient ceux du ventre, ensuite ceux de la poitrine, et on sera surpris d'apprendre que c'est le cerveau qui a paru résister le plus à l'action des causes septiques ; il s'affaisse, se rétrécit et demeure long-temps intact. C'est dans le tissu même de la peau que commence la métamorphose singulière des parties organiques en une substance graisseuse, observée pour la première quels sont posés quatre vastes bassins en plomb de forme antique, avec leurs pattes en forme de lion du même métal. Au-dessus, et sur les quatre angles du socle, sont quatre lions égyptiens, aussi en plomb, moulés à Rome sur ceux de la fontaine de *Termini*, qui doivent fournir chacun un jet, et le verser dans les bassins dont nous venons de parler. Au-dessous et dans le vide de la fontaine, on voit à travers les quatre portiques un bassin de métal élevé sur un piédouche très-svelte. On lit sur de petites tables en marbre noir cette inscription, qui annonce que ce beau monument avait été dédié aux nymphes des fontaines :

Fontium Nymphis.

On y a aussi gravé ces deux beaux vers

---

fois par les commissaires de la société ci-dev. royale de médecine. Elle se continue dans les muscles, dans les glandes, dans les viscères, dans l'intérieur même des os. Tout, excepté leur tissu, se change en une masse blanchâtre et savonneuse, où l'on trouve l'alkali volatil uni à une huile très-abondante, et dont les propriétés sont analogues à celles du blanc de baleine ».

latins, composés en 1689 par le poëte Santeuil :

Quos duro cernis simulatos marmore fructus
Hujus nympha loci credidit esse suos.

La sculpture de ce beau monument est de Jean Goujon.

La *Fontaine-de-Grenelle* rue du même nom, faubourg Saint-Germain, forme une masse d'architecture du vrai beau ; elle fut achevée en 1739. C'est au génie du fameux Edme Bouchardon que l'on doit l'exécution de ce beau monument, ainsi que la sculpture de tous les ornemens.

La *Fontaine des Audriettes*, rue du Chaume, au Marais, est élevée sur les dessins de l'architecte Moreau ; la simplicité de sa composition et la pureté de ses profils en font le principal mérite ; la figure de naïade en bas-relief, et les ornemens qu'on y voit, sont de M. Mignot.

La *Fontaine d'Alexandre*, située rue St.-Victor, tire son nom d'une vieille tour à laquelle elle est adossée, et qu'on nomme la tour d'Alexandre. On y lit ces deux vers du célèbre Santueil, qui font allusion à la bibliothèque de St.-Victor, qui en était voisine.

Quæ sacros doctrinæ aperit domus intima fontes.
Civibus exterior dividit urbis aquas.

La *Fontaine d'Amour* est placée à la butte St.-Roch; elle donne de l'eau de la Seine.

La *Fontaine de la Charité*, rue Taranne, faubourg St.-Germain : on y lit ces deux vers de Santeuil.

Quem pietas aperit miserorum incommoda fontem
Instar aquæ largas, fundere monstrat opes.

La *Fontaine de la Croix du Trahoir*, au coin de la rue de l'Arbre-Sec. Elle était située autrefois au milieu de la même rue. François I.er l'avait fait construire en cet endroit en 1539 ; mais, comme elle gênait le passage, elle fut transférée en 1636 à la place qu'elle occupe actuellement. On la destina à servir de réservoir aux eaux d'Arcueil ; elles s'y rendent par des canaux qui passent sous le pavé du

Pont-Neuf, et qui sont distribués ensuite dans plusieurs quartiers de la ville. En 1776, cette fontaine fut reconstruite d'après les dessins de l'architecte Soufflot.

La *Fontaine St.-Martin*, au coin de la rue du Verbois. Les religieux de Saint-Martin-des-Champs offrirent en 1712 l'emplacement qu'elle occupe sous la condition qu'ils auraient une partie de l'eau. On leur en accorda 12 lignes, et la fontaine fut construite.

La *Fontaine St.-Michel*, place Saint-Michel. Cette fontaine est construite sur les dessins de Bullet ; elle représente une vaste niche, accompagnée de deux colonnes d'ordre dorique. On a gravé sur une table de marbre ces deux vers de Santeuil :

Hoc in monte referat sapientiæ fontes,
Ne tamen hanc puri respuè fontis aquam.

La *Fontaine des Cordeliers*, rue des ci-devant Cordeliers, actuellement rue de l'Ecole de médecine, fut construite en 1672 lorsqu'on abattit la porte de la ville qui était en cet endroit; elle fut ensuite rebâtie en 1717, telle qu'on la voit aujourd'hui. On y lit ces deux vers de Santeuil :

Urnam nympha gerens dominam properabat in urbem
Hic stetit, et largas lœtu profudit aquas.

Cette fontaine et celle dite St.-Côme vont être placées et réunies vis-à-vis l'École de médecine; on y travaille à présent.

La *Fontaine Desaix*, place Desaix (ci-devant Dauphine ou Thionville) Voy. plus haut *place Desaix*.

Pompe à feu.

La pompe à feu est située à Chaillot, au bout des Champs-Élysées. Cet utile établissement a deux machines à vapeur de la plus grande dimension, qui donnent le mouvement à des pistons qui refoulent l'eau jusque sur la partie la plus élevée de Chaillot, où sont placés quatre réservoirs tellement vastes, qu'ils donnent en vingt-quatre heures 48,600 muids d'eau; cette eau part ensuite par des tuyaux de conduite pour sa destination dans les différens quartiers de Paris. Cette mécanique est l'ouvrage des frères Perrier. Leurs ateliers méritent d'être vus par tous les connoisseurs. Cette pompe a dans Paris un nombre de fontaines qui en dépendent, et où l'on ne peut puiser de l'eau qu'en payant.

Château d'eau.

Le Château d'eau qui est à l'Observatoire, faubourg St.-Jacques, est le premier du départ des eaux d'Arcueil; celui de la place du Tribunat (ci-devant place du Palais-Royal) sert à approvisionner des eaux de la Seine et d'Arcueil les jardins du gouvernement.

Jardin des Plantes, rue Saint-Victor, faubourg St.-Marceau.

Le Jardin des Plantes (ci-devant Jardin du roi), et le Muséum d'histoire naturelle, sont situés au levant de Paris. Ce jardin est sur le bord de la Seine. En 1636 Guy, de la Brosse (1), médecin de Louis XIII,

---

(1) Le 16 germinal an V (16 avril 1797), on découvrit en creusant les fondations du nouvel

engagea ce monarque à fonder un jardin pour la culture des plantes étrangères. Plusieurs ministres le protégèrent; mais il fut par suite abandonné. MM. Valot et Fagon le repeuplèrent d'un grand nombre de plantes; le catalogue qu'ils firent en

---

escalier des galeries du Muséum d'histoire naturelle, un caveau souterrain, construit en maçonnerie. La couverture supérieure de ce caveau ayant été ouverte, l'on y descendit par une échelle; mais on n'y trouva rien d'apparent qu'une simple inscription faite à la main avec du charbon, et aussi fraîche que si elle venait d'être écrite ; en voici les termes :

GUY DE LA BROSSE
Dont la mort me comble d'ennui.
Si son corps est couvert
de terre,
j'espère que son nom
ne le sera
ne le sera jamais d'oubli.

Louise de la Brosse.

Des professeurs présens ordonnèrent que l'on fouillât dans le caveau, et l'on y trouva un cercueil de plomb dans lequel il y a tout lieu de présumer que reposaient les restes de ce naturaliste.

1665,

1665, sous le titre d'*Hortus regius*, se montait à plus de 4000. La surintendance passa en plusieurs mains jusqu'en 1718, que Louis XV y nomma M. Leclerc, de l'académie française, qui fut nommé ensuite comte de Buffon, mort à Paris le 15 avril 1788. Ce jardin est devenu, par les soins de ce savant, l'un des établissemens les plus curieux de l'Europe. Il est composé d'un jardin botanique, d'une collection d'histoire naturelle, d'un amphithéâtre pour les cours, d'une bibliothèque, et, depuis la révolution, d'une ménagerie d'animaux vivans. Daubenton, successeur de Buffon, et les directeurs actuels, l'ont considérablement augmenté. On a élevé près du grand cèdre, à la mémoire de Daubenton, un monument composé d'une colonne de granit, posée sur des débris de minéraux. Les restes de ce célèbre naturaliste sont déposés dans l'enceinte même où l'on voit cette colonne. Une salle nouvellement construite se remplit d'une immense quantité d'objets, fruits de nos victoires et des acquisitions du gouvernement. On vient d'achever une nouvelle serre d'une grande étendue et d'une superbe construction. Un local plus spacieux doit servir à loger les animaux de la ménagerie, formée des débris de celle de Versailles, à laquelle on a ajouté les ours de Berne, les éléphans du stathouder, et d'autres animaux. Une machine hydraulique, infiniment curieuse par sa simplicité, et mise en mouvement par deux dromadaires, fournit de l'eau dans toutes les parties du jardin.

Ce magnifique jardin, qui s'étend jusqu'au bord de la Seine, offre une promenade des plus vastes, des plus variées, des plus agréables et des plus salubres de Paris. On y trouve des arbres, des arbustes et des végétaux de tous les pays de la terre. Au faîte d'une petite éminence, auquel on parvient par une route en spirale, on jouit une superbe vue. Des collines irrégulières, toujours ombragées de verdure ; des points de vue variés, délassent de la majesté symétrique du jardin.

Cette éminence est couronnée par un pavillon fort élevé, surmonté par une sphère, le tout en bronze, d'une forme aussi solide qu'élégante. A côté de ce pavillon, et sous une enveloppe de fer, est un méridien, formé d'un mortier à bombe, que le soleil fait partir, et dont le coup annonce l'heure de midi. Au bas de ce pavillon, les naturalistes français ont élevé en 1790 un monument au célèbre Linnée. C'est un cype sur lequel est placé le buste de cet illustre Suédois.

Un bassin carré, dont le fond est au niveau du lit de la rivière, et dont les talus en gradins forment des plate-bandes où sont cultivées diverses espèces de plantes aquatiques, ajoute à l'utilité et à la variété de ce jardin. Ce bassin est animé par des paons magnifiques, des oiseaux aquatiques de toutes espèces, qui s'y promènent.

Une grille de fer accompagnée de deux pavillons du meilleur goût ferme l'entrée du côté de la rivière, où se trouve la ménagerie; à l'autre extrémité est l'édifice qui renferme le cabinet d'histoire naturelle. Cet édifice n'offre rien de remarquable en architecture; au premier étage est une galerie divisée en trois salles, dont les deux premières contiennent le règne minéral, et la troisième le règne végétal; au second est une autre galerie voûtée, éclairée par des ouvertures pratiquées dans la voûte: elle contient tout le règne animal. Le jardin de l'école de botanique renferme environ sept mille plantes.

Depuis un an le Jardin des plantes s'est agrandi, vers le sud-est, de plusieurs arpens de terrain qui ajoutent à sa vaste étendue des promenades variées et des points de vue intéressans. A partir de l'amphithéâtre situé du côté de la rue de Seine, s'étend, jusque vers le bord de la rivière, une espèce de vallée champêtre qui renferme quantité de cabanes, fermées par des treillages de bois de châtaignier enlacés les uns dans les autres avec beaucoup d'art, à la manière suisse, et d'un dessin différent à chaque habitation : les habitués de ce jardin ont nommé cet endroit la *Vallée suisse*. Aux extrémités de cette enceinte s'élèvent des monticules semés de gazon, qui forment un amphithéâtre pittoresque. Chaque habitation est variée dans sa forme, dans sa couleur, dans sa structure ; mais toutes sont composées d'une seule et même matière, de bois d'orme, dont l'emploi est vraiment curieux.

Le terrain a une direction inclinée vers le centre, où se trouve un enfoncement qui partage la vallée en deux parties. Sur cet enfoncement est jeté un pont d'une pente insensible, formée de troncs d'arbres d'environ 12 à 13 mèt. (36 à 40 pieds) de long, sur 1 mèt. 2/3 à 2 mèt. (5 à 6 pieds) de circonférence. On admire l'étroite précision avec laquelle ces arbres sont joints ensemble. D'autres arbres composent aussi les piliers qui supportent le pont, dont la surface est revêtue de terre et de salpêtre battus. Dans la première partie de la vallée qui fait face à la salle de démonstration, sont réunis des animaux d'une espèce rare. On en remarque un couple apporté de la Nouvelle-Hollande, dont les allures sont singulières. Ils ont les pattes dentelées comme une fourchette ; lorsqu'ils marchent, leurs pattes de derrière s'enchâssent dans celles de devant, et, quand ils courent, ils se dressent sur leurs pieds inférieurs, comme les singes, mais avec infiniment plus d'aisance, et font de tels sauts, qu'il ne leur en faut que deux ou trois pour franchir un grand espace.

La seconde partie de la vallée est plus pittoresque. Des deux côtés s'élèvent des habitations couvertes en chaume et en roseaux, construites comme les autres, mais plus hautes: quelques-unes, en tourelles, sont ouvertes de toutes parts ; on y monte par des escaliers très-étroits, très-escarpés, dont chaque degré est une bûche, et la rampe un ormeau long et mince. On voit sur ces escaliers des chèvres entourées de leurs petits, et sur le sommet des boucs gravir des pentes unies. Dans des enclos séparés sont renfermées différentes espèces de cerfs d'Europe et du Gange.

Au milieu de la vallée est une pièce d'eau animée par des cygnes et quelques oiseaux aquatiques, ombragée de quelques saules pleureurs, et d'autres arbres amis des prairies et des ruisseaux.

L'eau, renouvelée, répand aux environs une fraîcheur qui entretient une nappe d'herbe verte autour de ses bords, à la distance de quelques pieds. Le paysage est agréablement terminé par une tour renversée à moitié, dont les ruines servent encore de retraite à certains animaux.

La portion du terrain qui s'étend à droite, dans la direction du midi, est consacrée à la science : des serres y ont été bâties, et on y cultive des plantes médicinales.

L'établissement est administré par douze professeurs, qui choisissent parmi eux un *directeur* pour un an. Chaque professeur surveille et dispose tout ce qui concerne la science dont il est chargé.

L'école comprend :

1.º Le *Jardin botanique* et les serres.
2.º Le *Laboratoire* de chimie.
3.º Le *Cabinet d'anatomie*.
4.º Le *Cabinet de préparation* pour l'anatomie et l'histoire naturelle.
5.º La *Bibliothèque*, composée principalement d'ouvrages relatifs à l'histoire naturelle où sont différens dessins très-curieux et la statue de Buffon, par Pajou.
6.º Le *Cabinet d'histoire naturelle*. On y remarque sur-tout la *Girafe*, l'Hippopotame, le Crocodile du Gange, des pétrifications de Crocodiles trouvées à *Maëstricht*, et des poissons du mont Bolca, etc.
7.º La *Ménagerie*. Elle contient un éléphant femelle, plusieurs lions et lionnes, deux dromadaires, deux chameaux, un ours blanc, une autruche, etc.

Curiosités historiques. On voit, dans un caveau, le tombeau et le corps de *Guy de la Brosse*, fondateur de l'établissement. (Voy. la note, pag. 252.)

En l'an 2 (1794), on a célébré dans le Jardin des plantes une fête à l'occasion des nouvelles conquêtes.

Le cabinet est ouvert tous les jours aux

étudians, qui reçoivent, pour entrer, une carte de différens professeurs.

Il est ouvert au public les mardis et vendredis, à trois heures, ainsi que la Ménagerie et la Bibliothèque. Les jours et heures des professeurs sont indiqués par des programmes.

Le pont que le gouvernement fait construire en face de ce jardin facilitera le commerce et la communication des faubourgs St.-Antoine et St.-Marcel.

Fin du Tome premier.

TABLE DES MATIÈRES

Contenues dans ce premier volume.

A.

ACADÉMIES, à Paris, en 1789. pag. 69
ACCROISSEMENT du territoire de Paris, depuis 838, jusqu'en l'an 12 (1804). 39
ADMINISTRAT. générale des postes. xxjv
ADMINISTRAT. générale des forêts. xxjv
ADMINISTRATION de la loterie. xxvj
ARCHIVES de l'état civil. 81
ARRONDISSEMENS de Paris, d'après la constitution de l'an 8. 76
ARSENAL. 216
AUDIENCES (jours d'), des cours de justice et des tribunaux. xxvj
AUDIENCES (jours d') des premières autorités. xvij
AUTORITÉS civiles et militaires. 80
AUTOTITÉS judiciaires, en 1789. 68
AVIS aux habitans des départemens qui viennent à Paris pour des affaires. xlj

Tome I. a3

TABLE

Avis contre les charlatans.   pag. xij

B.

Barrières, *avec les divisions dont elles dépendent.* 96
Bastille (la). 95
Bibliothèque *du jardin des Plantes.* 259
Bureau *de garantie pour les matières d'or et d'argent.* 84
Bureau *de location des nourrices.* 81
Bureaux *de bienfaisance.* 81

C.

Cabinet *d'histoire naturelle.* 259
Cabinet *minéralogique à l'hôtel de la Monnoie.* 213
Cabriolets (ordonnance de police pour les). xxxj
Carmélites, *fait historique.* 229
Carosses *de remise.* xxxj
Carrefours (nom des). 29
Carrefours (nombre des). 60
Chambre *de commerce.* 81
Champ-de-Mars. 202
Champs-Élysées. 157
Chancellerie *de la légion d'hon.* xvij
Chateau-d'eau. 251
Cimetière *des Innocens.* 244
Circonférence *de Paris.* 58
Clergé *à Paris, en 1789.* 62

DES MATIÈRES. 263

CLERGÉ en 1791.	pag. 72
CLERGÉ en l'an 8, (1801).	79
CLIMAT de Paris.	58
COLLÉGE de France.	243
COLLÉGES, à Paris en 1789.	69
COMMISSAIRES de police.	83
COMMISSION des hospices.	81
COMMISSION de répartition des contributions.	81
COMPTABILITÉ nationale.	xxv
CONSEIL d'administration des hôpitaux.	81
CONSEIL d'administration du Mont-de-Piété.	82
CONSEIL de préfecture civile.	81
CONSEIL de préfecture de police.	83
CONSEIL des bâtimens civils.	81
CONSEIL d'État.	xxj
CONSEIL général du départ.	81
CONSEIL particulier du préfet.	81
CONSERVATEUR des hypothèques.	82
CONSERVATION des forêts.	81
CONSERVATOIRE des arts et métiers.	82
COUR d'appel.	83
COUR de justice criminelle.	83
CULS-DE-SACS (nombre des).	60
CURIOSITÉ, rue d'Enfer, n° 30.	183
CURIOSITÉS historiques au jardin des Plantes.	259

D.
                                              pag.
DÉPOTS d'eau pour les incendies.   84
DIRECTEUR ministre de l'adminis-
  tration de la guerre.   xjx
DIRECTION de la liquidation de la
  dette publique.   xxv
DIVISION de Paris en quartiers sous
  Henri III, et en 1789.   61
DIVISION de Paris en 1789.   70
DIVISION civile et militaire en 1791.   71
DIVISION de Paris d'après la cons-
  titution de l'an 3.   74
DIVISION de Paris en arrond. et div.
  d'après la constitution de l'an 8.   76
DIVISION et organisation ecclésias-
  tique pour tous les cultes à Paris,
  d'après la constitution de l'an 8.   79
DOMAINE national.   82
DROITS d'enregistr. d'hypothèques.   81

E.
ÉCOLE de chirurgie.   190
ÉCOLE de médecine.   190
ÉCOLE militaire.   200
ENCEINTE de Paris sous Charles V
  et Charles VI.   49
ÉTAT major de la place.   83
ÉVÉNEMENS à l'Hôtel de Ville.   195
ÉVÉNEMENS à l'hôtel des Invalides.   203

DES MATIÈRES.

ÉVÉNEMENS au Champ-de-Mars. pag 203
ÉVÉNEMENS aux Champs Elysées. 163
ÉVÉNEMENS aux Tuileries. 167
ÉVÉNEMENS sur la place du Carrousel. 165
ÉVÉNEMENS sur la place Louis XV. 161

F.

FIACRES, (ordonnance de police). xxxj
FONTAINE d'Alexandre. 247
FONTAINE d'amour. 248
FONTAINE de Grenelle. 247
FONTAINE de la Charité. 248
FONTAINE de la Croix-du-Trahoir. 248
FONTAINE Desaix. 250
FONTAINE des Audriettes. 247
FONTAINE des Cordeliers. 249
FONTAINE des Innocens. 244
FONTAINE St.-Martin. 249
FONTAINE St.-Michel. 249
FONTAINES publiques (nombre des). 244
FORMULE à suivre pour faire parvenir une demande à l'Empereur. xvj

G.

GALERIE de le Sueur, muséum du sénat. 175
GALERIE de Rubens, muséum du sénat. 173
GALERIE de Vernet, muséum du sénat. 176
GARDE municipale. 83

TABLE

GARDE *nationale en* 1789. pag. 70
GOUVERNEMENT *ecclésiast. en* 1789. 62
GOUVERNEMENT *militaire en* 1789. 64
GOUVERNEMENT *révolut. en* 1793. 73
GOUVERNEUR *de Paris, en* 1789. 65
GRAND *juge ministre de la justice.* xvij

H.

HAUTE *cour nationale en* 1791. 72
HOPITAL *Beaujon.* 85
HOPITAL *Cochin.* 86
HOPITAL *de la Charité.* 84
HOPITAL *des enfans malades.* 86
HOPITAL *des foux.* 88
HOPITAL *des vénériens.* 86
HOPITAL *du faubourg St.-Antoine.* 85
HOPITAL *Necker.* 85
HOPITAL *St.-Louis.* 86
HOPITAUX *en* 1789. 67
HOPITAUX *militaires.* 91
HOSPICE *de Bicêtre.* 87
HOSPICE *de la maternité.* 86
HOSPICE *de la Salpètrière.* 86
HOSPICE *des Aveugles.* 89
HOSPICE *des Incurables pour hommes.* 87
HOSPICE *des Incurables pour femmes.* 87
HOSPICE *des Ménages.* 87

DES MATIÈRES.

Hospice des Orphelins. pag.	88
Hospice de Vaccination.	88
Hospices civils (nombre des)	84
Hotel des Monnoies.	213
Hotel-de-ville.	193
Hotel-Dieu.	84
Hotel impérial des Invalides.	205
Hypothèques (directeur des).	81

I.

Indication sommaire des premiers objets de curiosité que les voyageurs doivent commencer à visiter.	x
Instructions pour les voyageurs arrivant à Paris.	vij

J.

Jardin des plantes.	251
Jardin des Tuileries.	147
Justices de paix.	83

L.

Louvre (le).	138

M.

Madelaine (la).	238
Mairies de Paris, d'après la constitution de l'an 8.	78
Maison Archiépiscopale.	224
Maison de retraite.	88

TABLE

Maison de santé. pag.	86.
Maison de santé.	89.
Maison nationale de Scipion.	88
Ménagerie au jardin des Plantes.	259
Ministre des relations extérieures.	xvij
Ministre de l'intérieur.	xviij
Ministre de la guerre.	xviij
Ministre de la marine.	xjx
Ministre des finances.	xx
Ministre du trésor public.	xx
Ministre des cultes.	xx
Monnoie de France (pièces de).	xxvij
Mont-de-Piété.	89.
Muséum du Sénat.	172.

N.

Notre-Dame, métropole.	219.

O.

Observatoire.	198.
Observatoire, (situation de l').	57
Ordre judiciaire.	83.
Ordres monastiques en 1789.	63
Origine et histoire des Parisiens.	48

P.

Palais de justice.	184
Palais des arts.	242
Palais des Tuileries.	142
Palais du Corps-Législatif.	160

DES MATIÈRES

PALAIS du Sénat, ou du Luxembourg.	178
PANTHÉON français. pag.	229
PLACE de la Concorde, (ci-devant Louis XV).	152
PLACE de la Réunion, (ci-devant du Carrousel).	146
PLACE de l'École de Médecine.	191
PLACE Desaix.	135
PLACE des Vosges.	125
PLACE des Victoires.	131
PLACE Vendôme.	127
PLACES publiques (noms des).	106
PLACES publiques (nombre des).	59
PLACES publiques (indication des).	3
POLICE en 1789.	69
POLICE militaire.	83
POMPE à feu.	250
POMPIERS (corps de).	84
PONT AU CHANGE.	120
PONT AUX BICHES.	125
PONT AUX TRIPES.	125
PONT DE GRAMMONT.	125
PONT DE LA CITÉ.	123
PONT DE LA CONCORDE.	123
PONT DE L'HOTEL DIEU.	123
PONT DES CYGNES.	125

TABLE

Pont du Jardin des Plantes. pag. 124
Pont du Louvre *ou* des Arts. 124
Pont Marie. 119
Pont National. 118
Pont Neuf. 112
Pont Notre-Dame. 119
Pont St.-Charles. 125
Population *de Paris*. 58
Porte *de la Conférence*. 112
Porte *St.-Antoine*. 111
Porte *St.-Bernard*. 110
Porte *St.-Denis*. 108
Porte *St.-Honoré*. 112
Porte *St.-Martin*. 09
Portes *démolies*. 110
Ports (nombre des). 105
Postes *aux lettres* (grande et petite). xxxiij
Postes *aux chevaux*. xxxvj
Pouvoir *exécutif en l'an 3*. 75
Préfecture *civile et sous-préfectures du département de la Seine*. 80
Préfecture *civ.* (jours d'audien.) xxii
Préfecture *de Police*. 82
Préfecture (jours d'audienc.). xxjv
Préfectures (sous) 2e *et* 3e *arrondissemens*. 82

DES MATIÈRES.

PRISON de Bicêtre. pag. 95
PRISON de l'abbaye. 93
PRISON de la Bastille. 95
PRISON de la Conciergerie. 95
PRISON de la grande-force. 93
PRISON de Montaigu. 94
PRISON de St.-Lazare. 94
PRISON de Ste.-Pélagie. 93
PRISON des Madelonnettes. 94
PRISON du Temple. 91
PRISONS de Paris en 1789. 67

Q.
QUAIS (nombre des) de Paris. 59
QUAIS (noms des) de Paris.
QUAIS principaux de Paris. 104

R.
RECEVEUR général des contributions. 81
RECEVEURS des droits d'enregis- 82
RUES (nombre des). 59
RUES, (noms des). 5

S.
ST.-ETIENNE-DU-MONT, paroisse. 234
ST.-EUSTACHE, paroisse. 237
ST.-GERMAIN L'AUXERROIS. 234
ST.-GERVAIS, paroisse. 227
ST.-PAUL. 239

TABLE

St.-Roch, *paroisse.*	pag. 236
St.-Sulpice. *paroisse.*	225
Ste.-Chapelle. *chapelle.*	189
Ste. Geneviève.	233
Samaritaine.	116
Sculptures *en marbre.*	178
Secours *publics.*	84
Situation *de Paris.*	37
Société *philantropique.*	89
Sorbonne.	192

T.

Temple (le).	91
Tour de St.-Jean-de-Latran.	241
Tour de St.-Jacques-la-Boucherie.	240
Translation *du corps de Turenne dans l'Hôtel des Invalides.*	208
Tribunal *de cassation en* 1791.	72
Tribunal *de cassation en l'an* 3.	75
Tribunal *de commerce.*	83
Tribunal *de police municipale.*	83

V.

Val-de-Grace (abbaye du).	227
Val-de-Grace (hôpital militaire).	91
Voitures *publiques.*	xxxj

Fin de la Table du premier Volume.

www.ingramcontent.com/pod-product-compliance
Lightning Source LLC
Chambersburg PA
CBHW070946180426
43194CB00041B/1195